LE CHIEN DE BERGER DE CATALOGNE

Sylvie Renaud

LE CHIEN DE BERGER DE CATALOGNE

ÉDITIONS DE VECCHI S.A.
52, rue Montmartre
75002 PARIS

L'éditeur et l'auteur tiennent à remercier vivement les éleveurs Florence Cadoret (élevage De la Gosserie du Marais), Boris Leroy (propriétaire de Tao du Vanil des Artses), Christian Leroy (propriétaire de Rio du Vanil des Artses), Corinne Trubert (propriétaire de Vacilon du Vanil des Artses), Elsa Agouazi (élevage de Norimatys), et bien sûr Sylvie Renaud (élevage du Vanil des Artses) pour leur aimable contribution à l'iconographie de cet ouvrage.

Directeur de collection : docteur Florence Desachy

Imprimé en Italie

Remerciements

Cet ouvrage a été écrit en souvenir de « Golden du Clos de l'Alpe », ma toute première gos, née en 1991, disparue accidentellement, qui fut à l'origine de ma passion pour cette superbe race.
Je remercie toutes les personnes qui m'ont aidée et soutenue moralement pour la concrétisation de cet ouvrage.
Les représentants français :
– Alain Pécoult, juge international, président de la RACP ;
– Guy Mansencal, juge international ;
– Hervé de Bastiani, éleveur, affixe « du Val d'Arly » ;
– Alice Billoux, éleveuse, affixe « de la Cité du Téméraire » ;
– Isabelle Ritz, toiletteuse et éleveuse, affixe « du Glacier d'Argentière ».

Les représentants espagnols :
– Gaspar Bartra, président du club de race espagnol ;
– Jesús Ortiz, éleveur, préfixe « El Jarral » ;
– Ana Cuellar Rocabert, éleveuse, affixe « de Casa Alegre » ;
– Augusto Tonietti, juge international et éleveur, affixe « d'Espinavessa » ;

Le gos d'atura català est nommé de deux façons différentes par les Français : chien de berger de Catalogne ou chien de berger catalan. La traduction stricto sensu est « chien de berger de Catalogne ». Le grand public a pris l'habitude de le nommer chien de berger catalan. Des articles de presse le décrivent ainsi. Tel a été notre parti pris qui, reconnaissons-le, n'est pas celui de tous les amateurs.

Il est important de bien connaître ces trois acceptions :
– gos d'aturà català ;
– chien de berger de Catalogne ;
– chien de berger catalan.
On les retrouvera, les unes et les autres, au long de cet ouvrage selon les personnalités interrogées.

– Elena Colls i Labayen, juge international et éleveuse, affixe « de Campdura » ;
– Isabelle Gomis, élevage « de Sisdits ».
Tout particulièrement à ma toiletteuse, Isabelle Ritz, pour son aide concernant la partie sur le toilettage. À la soeur d'Ana Cuellar Rocabert, Mariza, pour son aide plus que précieuse lors de mes divers déplacements pour collecter informations et documentations en Espagne et son grand secours pour la traduction. À Ana (élevage « de Casa Alegre ») pour ses connaissances cynophiles et pour ses conseils concernant les contacts avec les dirigeants du club espagnol ainsi qu'avec d'autres éleveurs passionnés et passionnants ! L'accueil et l'aide précieuse des éleveurs espagnols, que je remercie du fond du coeur, m'a été d'un grand secours.

Préface

Le chien de berger catalan est un chien victime de son humilité. Ses origines l'ont fait ignorer en Espagne jusqu'à une époque très récente où il est resté entre les mains des bergers et quelques rares passionnés, contrairement à son cousin le Berger des Pyrénées français qui dans le même temps se rendait célèbre en France et se répandait un peu partout.
En France, son sort est encore plus discret que dans sa Catalogne d'origine. C'est d'abord à l'enthousiasme de M. et Mme Calendrin (élevage de la Folie Myosotis) que l'on doit son apparition dans les expositions.
Entré dans le giron de la Réunion des amateurs de chiens pyrénéens (RACP) en 1986, il s'est acquis, depuis, le dévouement de quelques éleveurs qui ont commencé ici un excellent travail de sélection qu'ils poursuivent avec la passion des pionniers !
Ce chien rustique et discret gagne à être connu. Son bon regard franc, son caractère déterminé et équilibré, son endurance, sa rusticité même en font le compagnon idéal des gens actifs, mais aussi de ceux qui veulent un compagnon intelligent et gardien de taille raisonnable et dont les exigences ne soient pas démesurées.
Ce campagnard est pratiquement le stéréotype du bon chien dévoué à son maître et à sa famille, capable de s'adapter à tout environnement pour leur plaire. C'est dire les devoirs du maître d'un tel chien. Le condamner au canapé en haut d'une tour du centre-ville n'est sûrement pas le meilleur service à lui rendre, l'oublier dans un chenil au fond du jardin non plus.
Ce chien a la noblesse du paysan, il tire de ses très anciennes origines des qualités immenses, il importe que nous tous sachions nous montrer dignes de lui. Mme Sylvie Renaud fait partie de ces éleveurs qui ont été séduits par le chien de berger catalan. Ses confrères et consœurs éleveurs l'ont élue secrétaire de la commission des races espagnoles (chien de berger catalan et *Mastin del Pirineo*) au sein de la RACP lors de la constitution de ces passionnés ! Le livre qu'elle nous présente sera le bienvenu pour mettre en valeur ce chien encore trop méconnu.

Alain Pécoult,
Juge international de la SCC,
Président de la RACP.

Introduction

On m'a demandé quelques lignes pour introduire le livre que Mme Renaud consacre au chien de berger catalan de façon à faire connaître et divulguer en France cette race encore mal connue, unique chien autochtone de Catalogne.

Permettez-moi d'évoquer un souvenir unique qui remonte à ma plus tendre enfance, qui s'est déroulé dans la maison de campagne de mes grands-parents maternels, située dans la région du Penédes (près de Barcelone).

Formée de nombreuses dépendances agricoles, il y avait également une tour carrée datant du Ve siècle, d'où je pouvais admirer la mer Méditerranée, le lever du soleil, admirable en hiver sur l'horizon. Par les nuits claires, je pouvais voir les reflets de la lune blanche sur les vagues comme autant de petits miroirs d'argent sur le flux et le reflux de cette mer si proche.

Un jour, alors que je regardais dans la direction opposée au littoral, je vis une bâtisse en pierre fermée tout autour par de grands murs ; un grand portail en bois noirci par le temps donnait sur l'enclos des brebis qui venaient passer l'hiver dans cette région doucement tempérée.

Depuis des siècles, les mêmes chemins après de longues journées de transhumance menaient le berger, son cheptel et ses fidèles et inséparables chiens : Llam, mâle de couleur brique et sable avec une tête feu, et Mora, une femelle de couleur grise, plus âgée et leader du groupe.

Le berger, fier, affirmait que ses compagnons étaient de race pure, parce qu'ils avaient la gorge noire et des taches sur la langue, ainsi que six doigts sur les pattes postérieures.

Ce qui était le plus surprenant dans mon souvenir était l'obéissance des chiens au moindre signe du berger. Toujours attentifs au troupeau, avec un regard dans lequel on sentait une grande ferveur.

Ils étaient infatigables avec une allure qui les caractérisait beaucoup, dans cette région au climat méditerranéen, proche de la région des Ripolles (Pyrénées catalanes).

Je profite de l'occasion pour féliciter Mme Renaud pour son ouvrage qui sert tout autant à mieux définir le chien de berger catalan qu'à encourager la survie de cette race en France.

GASPAR BARTRA,
Président du club de race espagnol

Voici un ouvrage bienvenu.
Madame Sylvie Renaud, passionnée de la race « gos d'atura català », excellente éleveuse, saura sans nul doute déclencher chez les amateurs un intérêt certain pour cette race rare et confidentielle.
Le *gos*, proche parent du Berger des Pyrénées, fait partie du patrimoine de la Catalogne espagnole et de l'ensemble des quatre races pyrénéennes dirigé par la Réunion des amateurs de chiens pyrénéens.
Ce chien rustique, intelligent, mesuré dans son influx nerveux, mérite qu'il soit découvert et élevé en France. Madame Renaud y aura grandement contribué. Je la félicite.

GUY MANSENCAL,
Ancien président du club de race français

Le chien de berger catalan est un proche parent du Berger des Pyrénées.

Historique du chien de berger catalan

C'est une race récente puisque sa redécouverte chez les cynophiles espagnols n'a commencé que dans les années 1965-1970. Au musée d'art de Catalogne, on peut admirer le triptyque Triptic de Sant Esteve, datant du XVe siècle, où figure, auprès de moines, un chien très proche du chien de berger catalan.

Origine du chien de berger catalan

Les spécialistes espagnols semblent privilégier une origine romaine : les légions, qui possédaient leurs propres troupeaux, auraient amené sur la péninsule espagnole les ancêtres du Berger bergamasque. Une autre hypothèse coexiste avec la précédente, selon laquelle les Ibères, un peuple venu du Caucase, *via* l'Afrique, pour s'installer sur une grande partie du territoire de l'Espagne, dès le VIIe siècle avant J.-C, auraient été accompagnés de grands chiens à poil long dont l'un des plus typiques est le mythique Owtcharka, ancêtre du chien de berger catalan. Mythique puisque ce chien dont on ne peut comptabiliser que quelques descriptions (dont certaines très anciennes) et de rares apparitions dans les premières expositions appartient dorénavant au passé.

Ainsi, il n'est pas davantage possible de remonter précisément à ses origines, tout comme pour les autres bergers à poil long ; ce qui pourrait constituer une présomption d'ancienneté.

Selon les spécialistes espagnols, le chien de berger catalan serait d'origine romaine.

Il faut remarquer que jusqu'à très récemment, on le rencontrait communément sur l'ensemble des contreforts pyrénéens et les collines de Catalogne. Il conduisait et gardait aussi bien les moutons que les chèvres et les bovins jusqu'aux chevaux sauvages du nord. M. J. Dhers, grand connaisseur de chiens pyrénéens, en faisait grand cas ; il a souvent dit qu'il « sait à merveille ramener la brebis égarée, regrouper en un clin d'œil le troupeau, il excelle à retrouver les bêtes perdues, il n'est pas de taureau, si sauvage qu'il puisse être, qu'il n'oblige à obéir ; bref, avec deux de ces chiens, l'enfant le plus chétif conduit aisément un nombreux troupeau et ceci dans un ordre parfait ».

Histoire de la race

La reconnaissance du chien de berger catalan par le monde cynophile

Pendant très longtemps, le chien de berger catalan fut complètement délaissé par la cynophilie espagnole. Est-ce à cause de la multiplicité du type ? de son aspect très rustique ? Toujours est-il qu'il ne doit la pérennité de sa race qu'aux aptitudes sans égales dont il fait preuve pour garder les troupeaux de moutons. C'était un auxiliaire précieux des bergers de montagne.

C'est en Catalogne que le plus grand effort pour la conservation de la race a été effectué. En 1911 se fonde en Espagne la *Real Sociedad Canina Central* (RSCCFRCE), société canine espagnole, qui dès 1913 reconnaît le chien de berger catalan comme digne représentant des races espagnoles.

Le chien de berger catalan est un auxiliaire précieux des bergers de montagne.

Ainsi, des spécialistes contemporains ont bien trouvé une mention de la race dans le tome II du Livre des origines espagnol, datant de 1913.

À partir de 1911 et jusqu'en 1924, sont officiellement inscrits 4 sujets : Piar, Pasto, Cuco et Milan qui sont enregistrés sous le nom de « gos de Tura » (l'origine du nom provient d'un ancien dialecte catalan). Donc, malgré le peu d'intérêt que les bergers portaient à la conservation d'une race pure, la cynophilie officielle posait les premières pierres pour l'élaboration de la race chien de berger catalan. Entre 1915 et 1940 on ne trouve que 8 inscriptions au LOE.

Les tentatives de « conciliation » entre bergers et cynophiles ne furent pas toujours concluantes : si certains bergers et leurs chiens étaient conviés aux expositions, les diverses appréciations des juges n'étaient guère de nature à encourager leurs collègues et leurs chiens à descendre des montagnes.

Belle tête caractéristique de chien de berger catalan

Les éleveurs catalans qui entreprirent la récupération du chien de berger catalan ont privilégié la naissance de quelques chiots se rapprochant le plus possible du standard afin que les bergers puissent éventuellement suivre leur exemple et unifier la race des sujets existant déjà.

Une bonne façon d'allier travail et beauté, en assemblant les qualités psychiques et morphologiques, tout en suivant un standard déjà reconnu.

Mais pour les bergers, la meilleure sélection consistait à conserver les chiens les plus efficaces pour garder les troupeaux et ne reposait pas sur des critères esthétiques.

Les contacts et les échanges entre les différentes régions n'étant pas fréquents, leurs chiens s'accouplaient toujours entre eux et il s'est donc créé progressivement et naturellement une certaine uniformité au sein du cheptel.

Cette pureté du type s'est quelque peu perdue à l'avènement des temps modernes. Les contacts des chiens s'étendirent au-delà de leur région d'origine, se multiplièrent, impliquant un grand mélange avec d'autres races canines.

Contrairement aux éleveurs, il importait peu au berger que les chiots ne correspondent pas au type « chien de berger catalan » tel qu'il était défini par le standard pourvu qu'ils soient capables, une fois adultes, d'exécuter leur travail correctement !

Dans les années 1930, la race sombra dans l'oubli. Les bouleversements économiques, sociaux et politiques (rationalisation et mécanisation de l'élevage, guerre civile, métissage avec des Bergers allemands de la garde pendant la Seconde Guerre mondiale, tourisme et plus récemment succès croissant du Border Collie) fragilisèrent l'existence de la race du chien de berger catalan. Un long travail commença alors pour valoriser pendant les concours ses aptitudes au travail sur troupeaux et de ce fait compenser les « lacunes » esthétiques du chien de berger catalan.

La création d'un club de race

Le club de race encourageait les bergers en leur offrant des chiens avec un pedigree, leur prodiguait des conseils et suivait la croissance des chiots. Il tenta également de favoriser la présence du chien de berger catalan aux expositions canines.
Ainsi le premier chien de berger catalan inscrit au LOE (n° 595) fut Cuco, né en août 1915. Jusqu'en 1922 aucun autre sujet ne fut inscrit. Le mâle Pasto (LOE n° 2246) puis Milan (LOE n° 2329) prirent le relais. Ce dernier fut le premier gos à obtenir un CAC lors de l'exposition canine de Barcelone en 1926.
Ces trois premiers sujets n'ont pas vraiment marqué la race. En revanche, trois ans plus tard, en juillet 1929, à l'exposition canine internationale de Barcelone, deux sujets sont davantage remarqués : Tac et Iris (deux chiens de berger catalans à queue courte) obtiennent le CAC. Tac est le fils d'Iris et de Milan. Ils sont les premiers « prototypes » officiels de la race bien que celle-ci ne possède pas de standard officiel.
M. Agustin Franco, vétérinaire de Ribes de Fresser, introducteur à postérité des concours de travail, et M. Jeronimo Bruqué, membre de la direction de la Société Royale Canine de Catalogne, s'inspirent de Tac et Iris pour rédiger le premier standard officiel. Ils présentent ce standard à la RSCCFRCE et à la Fédération cynologique internationale, qui l'acceptent immédiatement.

Bram d'Espinavessa dit « Choubaka »

Le gos d'atura català est baptisé « chien de berger catalan » et considéré comme un chien de travail en voie d'extinction ; c'est la première race espagnole reconnue par la FCI et elle doit à ce statut l'autorisation officielle d'être présente en exposition.
Ce succès éphémère n'a pas été suivi d'un engouement particulier des cynophiles et du grand public pour le chien de berger catalan que l'on présente trop comme un simple chien rustique, paysan, sans aucune classe, distinction ni valeur, peu spectaculaire à l'inverse des races étrangères sélectionnées et dont la valeur pécuniaire reste plus conséquente. Ces chiens champêtres, rustiques et grossiers, on les supportait en exposition, sans pour autant les récompenser même pour l'obtention de « Meilleur de groupe ».
Ces idées reflètent l'élitisme dont faisaient preuve les cynophiles à cette époque. Tout ceci a eu pour effet de retarder la popularisation de la race, au lieu de lui procurer la reconnaissance qu'elle méritait.
Pour exemple, entre 1949 et 1959 seulement deux chiens sont enregistrés à l'exposition de Madrid (*idem* au championnat de France à Lonchamp) : Aneto en 1949, 1951 et 1953 et Wusky en 1959. Cependant à Barcelone il y a toujours eu davantage de chiens présents en concours : 16 chiens entre 1953 et 1970, 5 chiens entre 1958 et 1968 ; en revanche, entre 1960 et 1965, aucun chien de berger catalan n'a été présenté !
La race sommeille un peu jusqu'en 1965. En Igualada, M. Angel Jorba I Miserach va accomplir un immense travail en créant l'affixe de Laketania. Il est aidé par son épouse Mary Godayol. Avec plus d'une cinquantaine de sujets « récupérés », ils ont mis en place les ascendants de nos chiens actuels.

La récupération de la race

Mme Josephina Gomez-Toldra a poursuivi ce travail en créant l'affixe del Gran Kahn. Grâce à M. Angel Jorba, M. Agustin Franco, et M. Valenti Perpinyà i Rivero à l'université vétérinaire de Madrid, Murillo (champion d'Espagne en 1976) et Marina ont des portées à l'origine de « la lignée historique de Madrid ».
Plus tard, José Manuel Sanz Timon continue ces lignées avec l'affixe del Tudal et M. de las Mercedes Rupérez avec l'affixe de Quinta Áurea.
En Catalogne un groupe important d'éleveurs commencent avec des lignées de « récupération » : Jordi Carulla (affixe de Camprat), Elena Colls (affixe de Campdura), Xavier Andreu (affixe de ses Baldraques) et peu de temps après Augusto Tonietti (affixe d'Espinavessa) et Florentina Ramon Puig (affixe de Quéralt).
La première portée officielle n'a été enregistrée qu'en 1943. En résumé, malgré la publication d'un standard (description officielle de l'idéal pour la

Trois beaux spécimens de chiens de berger catalans au repos

race) en 1929 et de quelques participations dans des expositions, la race ne doit sa réelle survie qu'aux bergers.

Il faut comprendre ces derniers qui ne voulaient à aucun prix se séparer de leurs meilleurs spécimens et les éventuels amateurs et futurs acquéreurs ne trouvaient généralement que des sujets de moindre valeur.

Cette situation va perdurer jusqu'au milieu des années 1960. Les progrès de la civilisation allant à l'encontre du métier de berger, ses utilisations traditionnelles allant déclinant, les cynophiles espagnols et catalans comprennent qu'un élément essentiel de leur patrimoine pourrait disparaître. On recense le cheptel en courant la montagne et l'on trouve peu de bons sujets. Le premier champion d'Espagne en 1974, Noi, un mâle sable, est l'ascendant que l'on retrouve dans de nombreux pedigrees (surtout dans les lignées de l'affixe de Canprat). Le premier club de race espagnol voit le jour en 1981. Il organise sa première exposition et réunit 53 chiens de berger catalans à Banyuls, près de Girona, lieu privilégié, la vallée de Ribes de Fresser étant considérée par beaucoup comme le berceau de la race.

Le club de race a été reformé en 1982. C'est en 1971 que le président de la société canine de Catalogne, M. Evariste Sanhelli, réussit un des plus beaux coups de la cynophilie.

Déçu de ne pas voir de chien de berger catalan en exposition depuis des années, il offrit l'engagement au propriétaire d'un chien de berger catalan qu'il venait de rencontrer et récom-

LES COUSINS DU CHIEN DE BERGER CATALAN

Le Gos d'atura cerdà

Morphologiquement identique au chien de berger catalan. Il était mentionné dans le premier standard de 1929, comme variété à poil court, plus grand d'un ou deux centimètres ; il peut présenter une robe noir et feu, voire arlequin. Son museau est un peu plus long. Sa région d'origine serait la Cerdanya. La tentative de récupération de la race dans les années 1980 fut un échec : c'est aujourd'hui une race disparue.

Le standard du gos d'atura cerdà a été supprimé de la FCI en 1982.

Le Berger des Pyrénées

Lointain descendant du Terrier du Tibet, comme tous les chiens de berger. Le Berger des Pyrénées est son cousin le plus proche ; nettement plus petit et d'un format plus rectangulaire, il possède un maximum d'influx nerveux.

La spécificité de leur biotope justifie les différences entre Berger des Pyrénées et chien de berger catalan.

S'ils partagent le même massif montagneux, le Berger des Pyrénées évolue sur le versant nord où le climat est plus humide et les montagnes hautes, escarpées et plus abruptes. Sa petite taille y est complètement adaptée.

Ces différences géographiques ont donc façonné deux chiens de berger, cousins peut-être par de lointaines origines mais bien différenciés tant au physique qu'en mentalité. Il n'est nullement question de décrire le chien de berger catalan en s'appuyant sur une description d'un Berger des Pyrénées : Catalans et Occitans ne pardonneraient jamais un tel affront ou une telle confusion !

Pour la protection, on disposait du Montagne des Pyrénées sur le versant français ; alors que sur le versant espagnol, on utilisait le Mâtin des Pyrénées.

La coutume d'écourter les oreilles et la queue chez le Berger des Pyrénées contribue à la différenciation plus nette des deux races (n'oublions pas que selon le standard du chien de berger catalan, ces pratiques sont admises sur les chiens de travail et de troupeaux !).

Actuellement la coupe des oreilles est interdite en France : la coupe de queue reste autorisée pour l'instant.

Côte à côte, 2 champions : le chien de berger catalan U'miguel du Vanil des Artses dit Urko, Champion du Luxembourg et de France, et le Mâtin des Pyrénées Rio du Vanil des Artses, Champion du Luxembourg et Champion international de Beauté.

pensa son chien d'une coupe de plus d'un mètre de haut ! Un deuxième standard est enregistré au printemps 1981 mais il est remplacé dès 1982. Ce dernier est établi et rédigé par un groupe d'études qui a été constitué sous la direction de M. Evaristo Sanllehi Piera, président d'honneur du club et juge espagnol très connu, et par Jordi Carulla i Gratacos, ancien président du club de race. Ce standard a été approuvé par le comité de la *Real Sociedad Canina Central* et reconnu par la FCI.

L'introduction du chien de berger catalan en France

Le premier chien de berger catalan inscrit au Livre des origines français est une femelle : Néva de Campdura (prod. Elena Colls, Espagne, prop. Gérard Calendrin), descendant du mâle Manut et de la femelle Neula.

La première portée née en France fut réalisée chez le pionnier de la race, Gérard Calendrin, affixe de la Folie Myosotis, actuellement juge et vice-président du club espagnol. Il est le

Généalogie d'Ola du Vanil des Artses

Père : Handy du Clos de lAlpe	Grand-père : Eros	Dali d'Espinavessa	Ruc d'Espinavessa	Xiulet de Canprat	Noi	
					Rossa de Canprat	Noi + Noia
				Mussa d'Espinavessa	Malic	
					Auca de Canprat	Ventail de Canprat + Manyaga de Canpra
			Sisdits de ses Baldraques	Mamut	Noi	
					Mona	
				Faluga	Noi	
					Polka de Laketania	Iram de Laketania + Manucia II de Laketania
		Catalina d'Espinavessa	Boeffle d'Espinavessa	Piula d'Espinavessa	Xiulet de Canprat	Noi + Rossa de Canprat
					Piula d'Espinavessa	Malics + Auca de Canprat
				Sisdits de ses Baldraques	Mamut	Noi + Noia
					Faluga	Noi + Polka de Laketania
			Auca de Canprat	Ventail de Canprat	Noi	
					Menuda	
				Manyaga de Canprat		
	Grand-mère : Evie de Campdura	Valent de Campdura	Tac	??		
				??		
			Faluga de Campdura	Noi		
				Nana		
		Ruca de Capddura	Pinxo d'Espinavessa	Xiulet de Canprat	Noi	
					Rossa de Canprat	Noi + Mona
				Pinxo d'Espinavessa	Malic	
					Auca de Canprat	Ventail de Canprat + Manyage de Canprat
			Faluga de Campdura	Moi		
				Nana		

Mère : Mascota de La Folie Myosotis	Grand-père : Bruc (dit Drac) d'Espinavessa	Boeffie d'Espinavessa	Pinxo d'Espinavessa	Xiulet de Canprat	Noi	
					Rossa de Canprat	Noi + Noia
				Piula d'Espinavessa	Malic	
					Auca de Canprat	
			Sisdits de ses Baldraques	Mamut	Noi	
					Mona	
				Faluga	Noi	
					Polka de Laketania	Iram II Laketania + Menuda II de Laketania
		Sorra d'Espinavessa	Drap	??		
				??		
			Faluga d'Espinavessa	Xiulet de Canprat	Noi	
					Rossa de Canprat	Noi + Noia
				Piula d'Espinavessa	Malic	
					Auca de Canprat	Ventail de Canprat + Manyaga de Canprat
	Grand-mère : Elena-gossa	Dali d'Espinavessa	Ruc d'Espinavessa	Xiulet de Canprat	Noi	
					Rossa de Canprat	Noi + Noia
				Mussa d'Espinavessa	Malic	
					Auca de Canprat	Ventail de Canprat + Manyaga de Canprat
			Sisdits de ses Baldraques	Mamut	Noi	
					Mona	
				Faluga	Noi	
					Polka de Laketania	Iram de Laketania + Menuda de Laketania
		Catalina d'Espinavessa	Boeffie d'Espinavessa	Pinxo d'Espinavessa	Xiulet de Canprat	Noi + Rossa de Canprat
					Piula d'Espinavessa	Malic et Auca de Canprat
				Sisdits de ses Baldraques	Mamut	Noi + Mona
					Faluga	Noi + Polka de Laketania
			Auca de Canprat	Ventail de Canprat	Noi	
					Menuda	
				Manyaga de Canprat		

Un monument à la gloire du chien de berger catalan

Conçu par le sculpteur M. Emili Armengol, il est entièrement réalisé en acier inoxydable sur un support cimenté ; il se situe au croisement de Castellar de N'Hug y La Molina, dans l'accès au premier village. Il fut inauguré le 25 août 1985, par le président, Jordi Pujol i Soley, le maire de Castellar de N'Hug, M. Josep Orriols y Cochs, et le conseiller Josep Miro i Ardèvol.

premier promoteur de la race, ce fut un « coup de foudre » pour lui, grâce à l'intervention de M. Evariste Sanhelli qu'il a rencontré au cours d'une exposition.
M. Sanhelli lui conseilla de venir découvrir le chien de berger catalan en Espagne. Ce fut le début d'une grande histoire d'amour entre le chien de berger catalan et Gérard Calendrin.
Propriétaire d'un troupeau de caprins, dans le Sud de la France, il envisage l'élevage en associant le caractère et le type.

Chiot de berger catalan

Standard FCI n° 87b
13.09.2004/F

Traduction : M.G. Calendrin
Origines : Espagne
Date de publication du standard en vigueur : 26.05.1982
Classification F.C.I. : Groupe 1. Chiens de berger et de bouvier (sauf de chiens de bouvier suisses). Section 1. Chiens de berger. Sans épreuve de travail.

Utilisation

C'est dans la conduite des troupeaux que se manifeste la véritable essence de cette race, car non seulement le Berger catalan fait ce que lui demande le berger, mais en de nombreux cas, il se montre capable d'initiatives, dirigeant le troupeau avec une facilité merveilleuse, empêchant qu'aucune bête ne se sépare des autres. Par sa grande bravoure et son courage, il peut aussi être utilisé pour des missions de garde. Par sa taille, son beau poil, son intelligence et sa grande fidélité à ses maîtres, il peut être un excellent chien de compagnie.

Bref aperçu historique

Chien originaire des Pyrénées catalanes, qui s'est propagé dans toutes les autres zones pastorales de la Catalogne.

Du fait de ses origines, le chien de berger catalan résiste aussi bien au froid qu'à la chaleur.

Avec ses qualités, le chien de berger catalan peut aussi bien être utilisé comme chien de troupeau, de garde, que comme chien de compagnie.

Aspect général

Médioligne bien conformé, de taille moyenne, au beau poil.

Proportions importantes

Légèrement plus long que haut, approximativement dans la proportion de 9 à 8.

Comportement/caractère

Chien très sobre, vif et intelligent, au regard noble, au caractère rustique et estimable, très dévoué au berger et aux troupeaux qui lui sont confiés, ne s'approchant pas des inconnus, ce qui, à l'occasion, peut passer pour un comportement asocial.
Il est très vigilant, très résistant à la chaleur, au froid et à toutes les conditions atmosphériques.
Une alimentation très frugale lui suffit pour travailler dans des conditions extrêmes.

Tête

Tête forte, légèrement convexe et large à la base, sans lourdeur, bien propor-

Les pigmentations noires réparties sur la langue sont une des particularités du chien de berger catalan.

tionnée au reste du corps. La proportion crâne-chanfrein est de 4 à 3.

Crâne

Légèrement plus long que large, avec un sillon nettement marqué dans son premier tiers, qui va en s'aplatissant, et reste ainsi jusqu'à l'occiput où se forme une crête.
Os occipital prononcé. Le profil supérieur du crâne est légèrement bombé et peut présenter un court espace moins accentué en son milieu. Les sinus frontaux sont bien développés, tant dans le sens longitudinal que transversal.
Les arcades sourcilières sont bien marquées.

Stop

Bien visible, mais pas trop prononcé.

Truffe

Droite, proportionnée à la tête, obligatoirement noire.

Museau

Droit, plutôt court, en forme de pyramide tronquée avec arêtes arrondies.

Lèvres

Plutôt fortes, courtes, de forme quasi droite, avec la lèvre inférieure non pendante, intensément pigmentées en noir ; le palais est aussi pigmenté en noir.

Mâchoires/dents

Fortes, de bonne taille, blanches et saines. Articulé en ciseaux. Les crocs épointés sont admis chez les chiens de travail.

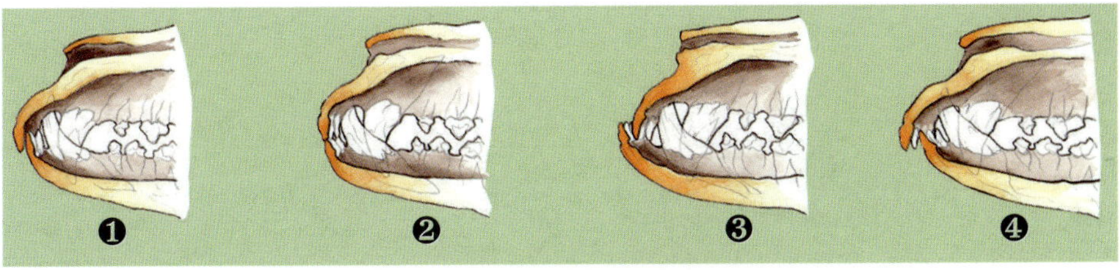

Types de fermeture : ❶ fermeture en ciseaux (correcte), ❷ fermeture en tenaille (défaut), ❸ fermeture prognathe (grave défaut), ❹ fermeture endognathe (défaut entraînant la disqualification)

Yeux

Très ouverts, expressifs, au regard vif et intelligent, ronds, de couleur ambre foncé avec les paupières bordées de noir.

Oreilles

Attachées haut, triangulaires, fines et terminées en pointe. Cartilage d'insertion souple et non épais.
Oreilles tombantes, accolées à la tête.
Relation entre largeur et longueur de 8 à 10.
Recouvertes de poils longs, qui se terminent en franges, mobiles. Pour les chiens de travail, elles sont acceptées coupées.

Cou

Vigoureux, solide, musclé, plutôt court, mais avec des proportions qui lui permettent une bonne mobilité, bien attaché aux épaules.

Corps

Légèrement allongé, fort, musclé, donnant une impression de force et d'agilité.

Garrot

Bien sorti.

Dos

Ligne dorsale droite, non ensellée, avec une légère élévation à la croupe qui, de toutes façons, sera égale ou légèrement inférieure au garrot. Cette différence au premier regard peut sembler favorable à la croupe, à cause de la quantité de poil et de sous-poil qu'elle porte.

Croupe

Robuste, musclée, légèrement inclinée.

Les membres antérieurs sont droits avec de bons aplombs.

Poitrine

Large, bien développée, atteignant le niveau des coudes. Côtes arquées, pas plates pour offrir une bonne capacité thoracique en vue du travail.

Abdomen

Ventre légèrement remontant, avec flancs courts, mais forts et bien marqués.

Queue

Attachée plutôt bas, elle peut être longue, dépassant légèrement le jarret, ou courte, mesurant moins de 10 cm. Il existe aussi des sujets anoures, et pour les chiens de travail, on admet la queue coupée.
Quand le chien est au repos, la queue est pendante. Elle forme un crochet dans sa partie inférieure. Elle est aussi acceptée en sabre. En action elle est levée allègrement, mais pas enroulée sur le dos. Elle est couverte de poils légèrement ondulés.

Membres antérieurs

Forts, secs, droits avec de bons aplombs, vus de devant ou de profil. La distance coude-garrot est à peu près égale à celle du coude au sol.

Sur la tête, on remarque une barbe, des moustaches, un toupet et des sourcils qui ne gênent pas la vue.

Épaule

Musclée et forte, légèrement oblique.

Angle scapulo-huméral

De 110° environ.

Bras

Forts et musclés avec des coudes parallèles, ni serrés, ni ouverts, bien au corps.

Angle huméro-radial

De 135° environ.

Avant-bras

Vertical, fort, bien disposé pour le travail.

Carpe et métacarpe

Suivant la même verticalité que l'avant-bras, plutôt courts.

On observe un abondant sous-poil sur tout le tiers postérieur.

■ Pieds

Ovales, coussinets noirs et durs, membranes interdigitales bien nettes et couvertes de nombreux poils, ongles noirs et forts.

Membres postérieurs

Forts, musclés et bien d'aplomb, donnant une impression de puissance et d'agilité.

■ Cuisses

Longues, larges et musclées, avec les os forts.

■ Angle coxo-fémoral

De 115° environ.

■ Angle fémoro-tibial

De 120° environ.

■ Jambes

Avec os et muscles forts.

■ Jarrets

Ils doivent être bien descendus, parallèles et bien d'aplomb.

■ Angle du jarret

De 140° environ.

■ Métatarse

Plutôt court, fort et vertical.

■ Pieds

Identiques aux antérieurs, mais présentant un double ergot pourvu d'os, d'insertion de base. Ces ergots sont unis entre eux et au premier doigt du pied par une membrane.

Allures

Souples, typiques des chiens de berger.
Le galop ne s'obtient que sur de très grands espaces, mais dans le ring, l'allure typique est le trot court, avec cette démarche particulière à tous les chiens pourvus d'ergots.

Chien de berger catalan bien entouré

Chien de berger catalan couleur sable

Peau

Plutôt épaisse, tendue sur tout le corps et la tête. Bien pigmentée.

Robe

Poil

Long, plat ou très peu ondulé, rude, avec abondant sous-poil, sur tout le tiers postérieur.
Sur la tête on remarque une barbe, des moustaches, un toupet et des sourcils qui ne gênent pas la vue. Queue bien pourvue de poils comme toutes les extrémités.
On peut faire l'observation que lors de la mue, on constate un phénomène typique. Cette mue s'effectue en deux temps : tout d'abord elle touche les poils de la partie antérieure, donnant l'impression qu'il s'agit de deux demi-chiens avec pelage distinct, puis c'est au tour de la partie postérieure, et tout redevient uniforme.

Chien de berger catalan couleur noir et feu

Couleurs

Vu de loin le chien semble unicolore et peut avoir des tonalités plus claires aux extrémités. Vu de près, on observe que la couleur vient du mélange de poils de différentes tonalités : fauve, brun plus ou moins rougeâtre, gris, blanc et noir. Les couleurs de base découlant de ces mélanges sont :

- *fauve :* dans ses nuances claires, moyennes et foncées ;
- *sable :* avec poils marron, fauves, blancs et noirs, et toujours clair, moyen et foncé ;
- *gris :* formé de poils blancs, gris et noirs avec des nuances allant du gris argent au gris-noir. Si le noir domine, et qu'il est seulement combiné à des poils blancs, cela donne un noir qui paraît givré.

Il existe aussi des chiens avec mélange de poils noirs, fauves et sable rougeâtre, pouvant dominer en une ou plusieurs parties, donnant l'impression de sujets noir et feu.

Ne sont pas admises les taches blanches ou noires. Parfois on tolère quelques poils blancs, groupés en étoile pectorale, ou sur la partie supérieure des doigts, mais dans ce cas, cependant, cela ne doit pas s'accompagner d'ongles blancs (voir défauts ci-après).

Taille

Hauteur au garrot : pour les mâles de 47 à 55 cm, pour les femelles : de 45 à 53 cm.

La couleur vient du mélange de poils de différentes tonalités.

Défauts

Graves

- tête plate ou sans sillon ;
- oreilles en rose ou mal attachées, avec cartilages d'insertion épais, longues ou décollées ;
- yeux clairs ;
- manque de deux prémolaires ;
- léger prognathisme ;
- dos ensellé ;
- membres ou pieds déviés ;
- quelques ongles blancs ;
- manque d'os dans les ergots ou ergot simple.

Éliminatoires

- chien agressif ou peureux ;
- manque de pigmentation des lèvres, de la truffe, des paupières ou du palais ;
- truffe marron ;
- yeux bleus ;
- taches blanches ;
- manque de plus de deux prémolaires ou de deux dents quelconques ;
- queue enroulée sur les reins ;
- manque d'ergots ou de membranes interdigitales ;
- tous les ongles blancs ;
- plus de 3 cm en plus ou moins de la taille ;
- tête ayant l'aspect d'un Berger des Pyrénées ou d'un Briard ;
- prognathisme inférieur ou supérieur.

Considérations supplémentaires

À qualité égale, nous tendrons à préférer les chiens n'ayant subi aucune mutilation (oreilles, queue ou crocs épointés pour raison de travail).
Nous refuserons ceux qui présentent ces mutilations s'ils ne sont pas des chiens de travail sur troupeaux. Sont désirables dans la couleur et donc mieux appréciées les tonalités les plus pigmentées.

N.B. Les testicules doivent être bien descendus dans le scrotum.

L'anatomie du chien

Pour arriver à « lire » un chien, il est essentiel de connaître sa morphologie et les éléments fondamentaux de son anatomie. Une analyse superficielle va nous permettre de repérer des points et des plans de référence morphologiques qui faciliteront la définition adéquate et sans faute de zones ou d'organes spécifiques.

Notions d'anatomie

On distingue trois plans chez un chien, lesquels sont divisés en deux parties :
- le **plan sagittal médian** divise verticalement le corps en deux : le côté droit et le côté gauche ;
- le **plan transversal médian** délimite la zone crânienne et la zone caudale ;
- le **plan horizontal médian,** perpendiculaire au plan sagittal médian, divise la zone dorsale située le long de la colonne vertébrale de la région ventrale.

Si l'on se réfère à un point imaginaire que l'on situera au centre du thorax, on distinguera des zones proches qui seront nommées proximales et des zones plus éloignées appelées distales. Donc, sur un membre antérieur, l'omoplate sera en position proximale alors que les doigts seront en position distale.

Tout ce « découpage » du corps animal va nous aider à établir une sorte de carte avec laquelle nous arriverons beaucoup mieux à nous orienter et à comprendre les observations et commentaires d'un juge spécialiste. On considérera donc que le corps du chien est formé de multiples structures (cellules organisées en système de complexité croissante – tissu, organes) et en appareils dont l'ensemble constitue enfin l'organisme du chien.

Remarques

Comme chez la plupart des chiens de berger français, les doubles ergots sont obligatoires pour le chien de berger catalan, sur les pattes postérieures (quelquefois même on en trouve sur les antérieurs).

On ne se contente pas d'ongles atrophiés, il faut que les phalanges soient réellement présentes.

Une autre de ses caractéristiques est qu'il possède des membranes natatoires entre les orteils, mais qu'on aperçoit difficilement sous son poil long, abondant et rugueux.

Squelette du chien

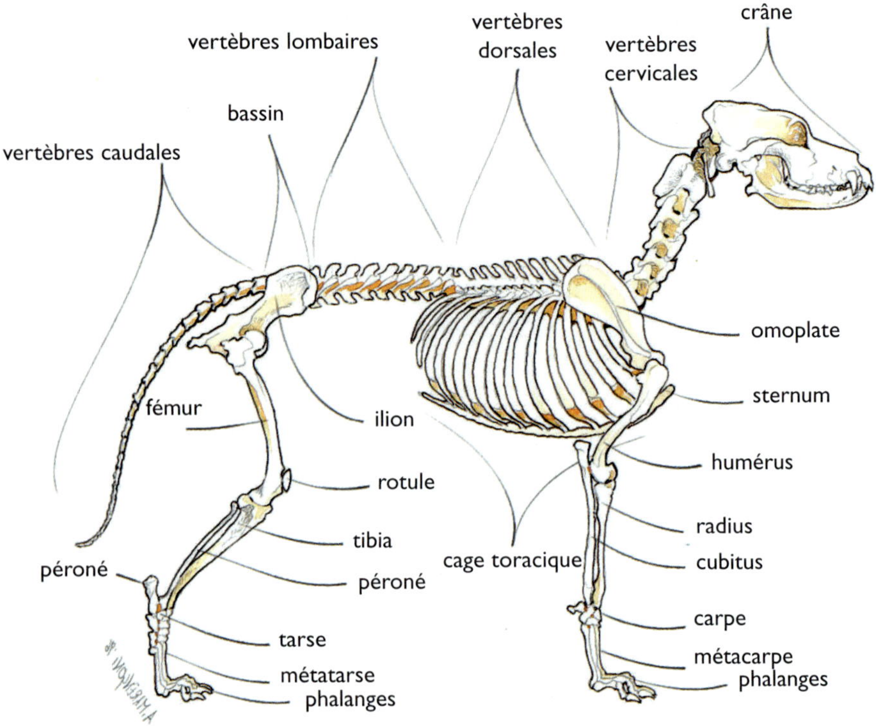

Chaque partie ayant une fonction spécifique est liée aux autres et ne peut individuellement maintenir l'animal en vie.
Voici les dénominations de ces parties.

Appareils musculaire et squelettique

Pour se déplacer correctement dans l'espace, le chien fait appel à ces deux appareils. Le squelette contient « la poutre maîtresse » et les leviers, la force motrice est fournie par l'appareil musculaire. L'image significative de la taille et de la forme du chien est donnée par le squelette. La forme de la boîte crânienne varie énormément suivant la race et c'est elle qui détermine aussi le « caractère typique » d'une race.
La tête comprend de nombreux os ; nous ne nommerons que l'os zygomatique dont l'arcade détermine le point le plus large du crâne du chien.
La colonne vertébrale comprend sept vertèbres cervicales, treize vertèbres

dorsales, sept vertèbres lombaires, trois vertèbres sacrées et vingt à vingt-deux vertèbres caudales. La moelle épinière se trouve dans la colonne vertébrale, au départ de beaucoup de faisceaux nerveux répartis dans tout le corps et qui transmettent l'influx nerveux.

Les treize paires de côtes sont attachées aux vertèbres dorsales et sont reliées dans la partie ventrale par le sternum.

La cage thoracique protège les organes essentiels que sont le coeur et les poumons. Un bon thorax se doit d'être développé en longueur ou profondeur, en largeur et en hauteur.

À la suite du thorax se trouvent les viscères : foie, estomac, etc., contenus dans la cavité abdominale.

Le bassin est constitué du sacrum et de l'os du pubis qui forment la ceinture pelvienne. Cette dernière constitue une articulation importante entre le membre postérieur déclenchant la poussée mécanique et la colonne vertébrale transmettant le mouvement d'ensemble du corps. Les membres représentent l'élément essentiel de la mécanique animale, leur conformation ainsi que les nombreuses articulations permettent la flexion et l'extension des différentes parties rendant possible le mouvement du chien.

Le poil long et abondant du chien de berger catalan recouvre largement ses pattes.

On dénombre trois sortes d'os : les os plats, courts et longs. C'est la moelle osseuse, contenue dans ceux-ci, qui produit les globules rouges et toutes les lignées hématologiques.
Le chien a une croissance rapide mais le processus d'ossification est assez lent au début et de ce fait certains chiens, grandissant trop vite, ont une minéralisation insuffisante des os. Ce qui peut entraîner, du fait du poids du corps, une déformation des membres plus ou moins marquée avec des aplombs incorrects.
Le tissu osseux et cartilagineux des articulations est renouvelé sans cesse mais de plus en plus doucement à mesure que l'animal prend de l'âge. Les articulations sont très sensibles au vieillissement. Elles peuvent aussi subir des inflammations douloureuses réduisant la mobilité. Toute articulation présente deux faces articulaires avec une cavité délimitée par une capsule synoviale ; plusieurs ligaments maintiennent les deux os dans leur position.
L'appareil musculaire est étroitement lié à l'appareil squelettique. Au travers des tendons, les muscles impriment des flexions ou des contractions réversibles, coordonnées par le système nerveux. Dans les autres cas, il s'agit de muscles annulaires qui ouvrent ou ferment des orifices (sphincters). Les muscles sont répartis sur différents niveaux, superficiels et profonds, pouvant être plats, comme les muscles peauciers, ou épais et fuselés comme les muscles des membres.

La peau

Son rôle est de protéger le corps des agents extérieurs comme l'eau ou le froid. L'appareil tégumentaire est formé de peau, de poils, d'ongles et de divers types de glandes. L'épiderme est la partie superficielle de la peau qui est résistante, le derme est plus profond et bien plus élastique.
C'est dans le derme que sont plantés les poils formant la robe du chien. La longueur, la texture, la brillance, la

Coupe de la peau

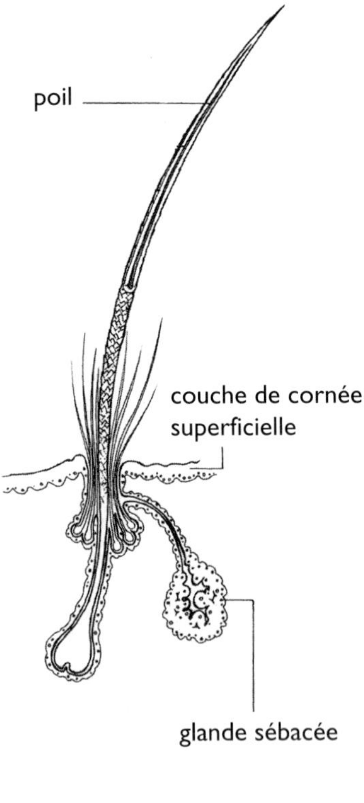

couleur du poil varieront suivant le climat, l'alimentation, la santé, l'âge et l'état physiologique de l'animal. Sa pigmentation est donnée par la mélanine ; la principale fonction de celle-ci est d'absorber l'énergie des rayons ultraviolets et infrarouges de l'atmosphère qui peuvent nuire à la peau de l'animal.

Le poil est élastique, flexible, riche en kératine, il peut être soulevé sous l'action d'un muscle qui va se contracter, par exemple en cas d'agression. La croissance du poil est complexe et cyclique, il se renouvelle complètement au printemps et à l'automne. La mue de printemps est la plus spectaculaire car le chien perd son épais sous-poil d'hiver.

Il y a aussi des poils tactiles autour des yeux et du museau. Le sébum exerce une action de protection et d'imperméabilisation du poil, du fait qu'une substance grasse est émise par les *glandes sébacées.*

Les *glandes sudoripares,* très peu nombreuses, se trouvent sous les coussinets plantaires. Elles ont peu d'importance pour refroidir le corps de l'animal car l'évaporation corporelle du chien s'effectue à travers le souffle.

Les *glandes mammaires* jouent un rôle essentiel ; elles sont réparties en deux rangées parallèles.

Les pattes sont dotées de griffes non rétractiles qui s'usent normalement quand un chien a une activité motrice correcte, sinon il faudra penser à les couper régulièrement.

Les dents de lait tombent entre les quatrième et cinquième mois.

Les organes des sens

Ils perçoivent les stimulations du milieu extérieur, la température, la luminosité ainsi que les messages envoyés par les organes internes de l'organisme. Les stimuli parviennent au cerveau pour provoquer une réaction. Il y a des mécanismes pour la sensibilité tactile, de pression, de température ou de douleur. D'autres structures permettent à l'animal de se situer dans l'espace, de contrôler son équilibre et ses mouvements. L'odorat est très développé chez le chien qui peut sentir des odeurs à grande distance grâce à ses deux cents millions

L'éducation et le comportement

Le temps que l'on consacrera à l'éducation et plus tard aux diverses spécialisations qui forment le dressage doit être un moment privilégié : oubliez tout, soyez à l'écoute, donnez-vous à fond, veillez à ne pas être dérangé. Les séances doivent être courtes, régulières et finir par un exercice connu que le chien réussit. Si vous n'êtes pas en forme, reportez la séance à plus tard ; elle n'aurait d'intérêt ni pour vous ni pour le chien.

L'éducation du chiot

La croissance et la stimulation du chiot passent par différentes étapes bien précises qui débutent dès la naissance grâce à la mère et aux frères et sœurs de portée.

Phase végétative

Elle correspond aux deux premières semaines de vie. Les yeux et les oreilles sont soudés, les chiots dorment et mangent à longueur de journée. À part l'odeur et la chaleur de leur mère, ils ne perçoivent rien. L'intervention humaine est à peine perçue dans cette phase (soulever les chiots, pesée, caresses...).

Phase de transition

C'est la troisième semaine de vie. Les oreilles commencent à s'ouvrir et les chiots peuvent sursauter lors d'un bruit brusque et inhabituel. Ils ouvrent les yeux et distinguent de mieux en mieux leur environnement. Lorsqu'on tarde trop dans le sevrage des chiots, il arrive que la mère régurgite de la nourriture prédigérée. Il ne faut ni s'alarmer ni chercher à l'en empêcher car la mère distribue alors leur première « bouillie » aux bébés.

Phase d'imprégnation

Elle s'étend de la troisième à la septième semaine. C'est le moment le

Les chiots commencent à jouer ensemble durant la phase d'imprégnation.

plus important car les chiots prennent conscience du monde qui les entoure. Ils reconnaissent leur mère, leurs frères et sœurs, sans oublier les autres représentants de la gent canine ou féline habitant sous le même toit. Personnellement, je conseille un contact avec les autres chiens dès le trente-cinquième jour car j'ai constaté que les chiots acquièrent un degré de socialisation beaucoup plus élevé que s'ils restent uniquement avec leur mère. Les adultes, qu'ils soient mâles ou femelles, adoptent automatiquement les nouveaux venus.

À cette période de leur vie, les chiots commencent à jouer ensemble et apprennent à reconnaître leurs partenaires. L'intervention humaine est alors capitale puisque l'éleveur doit les manipuler, les toucher, jouer avec eux, les gronder si nécessaire. Les chiots doivent identifier « l'homme » comme faisant partie de l'espèce canine car s'ils n'ont aucun contact avec un humain, ils ne pourront le considérer comme un congénère et en auront peur toute leur vie.

Une imprégnation défectueuse est irréversible : elle produit des adultes timides, que l'on peut difficilement approcher. Il ne servira à rien ensuite d'essayer de les dorloter ou de les caresser et encore moins de les emmener dans la foule. D'avance, ce serait peine perdue. Attention ! dès les premières semaines de leur existence, les chiots doivent avoir des contacts fréquents et réguliers avec plusieurs personnes autres que l'éleveur. Sinon, ils ne reconnaîtront que celui-ci et manifesteront à l'âge adulte le même comportement que des chiens mal socialisés et seront terrorisés par des étrangers. Une seule personne ne peut suffire pour que les chiots identifient une espèce. Il est donc important qu'ils aient des contacts avec au moins deux ou trois personnes différentes durant cette phase délicate de leur développement. De cette manière, l'imprégnation sur l'être humain sera excellente. De plus, il est souhaitable de procéder à un apprentissage de sons, d'odeurs et de touchers différents afin que l'imprégnation soit complète. N'oublions pas aussi que la vue du chien est son sens le moins développé et elle seule ne suffit pas à créer une empreinte permanente.

Phase de socialisation

Elle dure de la septième à la douzième semaine. C'est pendant cette période

Les luttes pour la suprématie commencent au sein de la portée.

que l'imprégnation se consolide et que les chiots apprennent à se situer hiérarchiquement par rapport aux autres membres de la famille, cette famille comprenant les frères et sœurs, la mère et l'homme.

Les luttes pour la suprématie commencent au sein de la portée et c'est à ce moment qu'un nouveau maître apparaît et emmène le chiot chez lui. Dès le départ, le type de lien à établir devient fondamental.

Le chiot doit comprendre que cette personne ne possédant que deux pattes est un congénère d'un rang hiérarchique supérieur au sien. Pour aboutir à cela, il faudra beaucoup de patience, de fermeté et surtout de cohérence : ce qui est accordé ou interdit aujourd'hui devra l'être demain.

Voici deux exemples à ne pas suivre :

- on interdit au chiot de monter sur le canapé. Quelque temps après il fait une première tentative, on résiste. À la deuxième tentative, on résiste toujours... mais le « pauvre » est tellement heureux allongé à notre place, on peut bien le laisser un petit peu ;
- le chiot vole une pantoufle, on la rattrape. Mais après plusieurs heures de ce petit jeu, la pantoufle est dans un tel état que l'on peut bien la lui laisser, elle fera un nouveau jouet formidable... Ce sont là les meilleurs moyens pour donner au chiot l'impression qu'il peut vous mener par le bout du nez. Il vous a testé dès le premier jour et le fera toute sa vie. En revanche, une attitude calme, ferme mais déterminée, est la plus efficace

Tous les chiens, quelle que soit leur race, ont besoin d'être dirigés.

pour faire comprendre au chiot les bases de l'éducation. En vous montrant inflexible, vous lui apprendrez à vous respecter comme parent puis comme chef de meute.

Phase de positionnement hiérarchique

Elle commence à partir du quatrième mois. Le jeune chien se positionne à un certain niveau dans la hiérarchie de la meute (ou famille) et accepte d'avoir un chef, des supérieurs ou des subalternes. Mais sa position pourra changer car au moment où il notera un relâ-

Chiot âgé de 2 mois

chement chez l'un de ses supérieurs, il essaiera de prendre sa place.

En revanche, il surveillera ses subalternes afin d'éviter qu'ils ne prennent de l'importance. Pour le chien ce processus est tout à fait naturel, beaucoup plus intense jusqu'à 6 ou 7 mois, puis la position se stabilise.

Il connaît son entourage et sait interpréter les attitudes de domination ou de soumission. Malheureusement il arrive souvent que la famille humaine ne se rende pas compte des épreuves subies. Certaines personnes tomberaient des nues si un psychologue canin leur apprenait que leur brave chien de berger catalan considère la

À partir de 2 mois, le chiot sait interpréter les attitudes de domination ou de soumission.

Éduquez votre chien : c'est votre devoir

Avec les progrès de notre civilisation, nos chiens ne peuvent aujourd'hui courir librement sans danger pour eux mêmes et pour leur entourage.
C'est pourquoi nous devons en être conscients.
J'ai grandi avec le principe suivant : « tout et tout le monde a droit à la liberté ». Ce n'est que bien plus tard que j'ai appliqué le principe selon lequel tous les chiens, quelle que soit leur race, ont besoin d'être dirigés.
Je n'ai nullement la prétention de vous faire un cours sur toutes les disciplines d'obéissance relatives aux chiens mais essayez d'imaginer toutes les situations et les problèmes d'un chien livré à lui-même, libre de toutes contraintes, aussi bien dans la maison qu'à l'extérieur.
Un chien bien éduqué peut évoluer avec beaucoup plus de liberté qu'un autre moins bien élevé : ce dernier devra être tenu en laisse afin d'éviter des ennuis inutiles.
J'aimerais vous faire réagir, simplement en vous démontrant trois exemples qui peuvent arriver.

Exemple n° 1

Imaginez-vous un dimanche matin pendant une promenade dans un joli petit bois, le temps est superbe, on entend le gazouillis des oiseaux, des familles se promènent. Un peu plus loin, des coureurs sur leur parcours de santé, plus loin, encore des cyclistes. Chacun profite pleinement de cet agréable moment afin de pratiquer librement sa passion sportive ou le simple plaisir de la promenade. Maintenant voici M. Dupont qui arrive avec son chien, que nous appellerons « Riri » ; sa race ou sa taille importent peu. Riri est heureux, il est tellement heureux qu'il tire sur sa laisse et que M. Dupont l'a libéré.
Riri en profite pour courir, se défouler, il disparaît derrière les bosquets, ici et là, puis réapparaît à nouveau fier et heureux. Maintenant entrent en scène les cyclistes qui tout en roulant parlent, rient, savourent cette belle journée. Ils passent devant M. Dupont ; soudain Riri surgit de derrière les arbustes en grondant, en montrant les crocs, car ce petit bois est devenu « son » territoire dominical. Tout se passe en même temps : à ce moment-là M. Dupont hurle, essaie vainement de rattraper son chien qui ne l'écoute pas.
Freinages stridents, cris des gens, aboiements intempestifs du chien, accompagnés de quelques grognements, bref une petite panique générale.
Dans le meilleur des cas, il n'y aura que quelques bleus et égratignures, accompagnés d'une petite frayeur bien compréhensible !
On aurait pu éviter tout cela si M. Dupont s'était donné la peine d'éduquer son chien. Il suffisait juste de lui apprendre le « rappel au pied » ou l'exercice « assis » ou « couché », en somme un minimum d'obéissance et cette petite matinée aurait pu se prolonger agréablement.

On peut dès lors se demander qui est responsable :
– est-ce Riri, chien « méchant » ? ;
– est-ce l'effet de surprise provoqué par le groupe de cyclistes ? ;
– ou est-ce l'indolence de M. Dupont ?
Je vous laisse libre arbitre quant au choix de la réponse.

Exemple n° 2

Retournons dans notre petit bois, mais cette fois-ci avec M. Durand, accompagné de son chien que nous appellerons « Fifi ». Le décor est identique. M. Durand lâche son chien qui en profite pour s'ébattre, joue à cache-cache derrière les bosquets.
Voici les cyclistes parlant et riant bruyamment. Mais là tout va se passer différemment : Fifi fait irruption près des cyclistes (tout compte fait, chaque jour il vient ici et considère qu'il est sur son territoire).
M. Durand crie : « Assis Fifi » tout en surveillant d'un œil son chien et de l'autre les vélos. Fifi s'assoit gentiment, car il aime et respecte son maître. Les cyclistes saluent M. Durand et de plus le complimentent sur le comportement de son chien. M. Durand est très fier de son chien.
Voici donc l'avenir de ces deux chiens et de leurs maîtres bien différent. M. Dupont devra toujours tenir Riri en laisse, dans n'importe quel lieu, car son chien ne connaît pas les ordres les plus élémentaires et simples. Lorsqu'il ira chez des amis ou de la famille, il ne sera jamais bienvenu avec son chien.
M. Durand, en revanche, sera admis partout car il sait qu'il peut compter sur son fidèle compagnon ; ils seront toujours les bienvenus.

Exemple n° 3

Je suis un chiot, je joue avec mes frères et sœurs, nous mordillons, nous grognons, bref la vie est belle. Je sais déjà sauter, aboyer et bondir sur tout et n'importe quoi. Puis des étrangers m'empoignent et m'enlèvent de ma famille. Je suis complètement perdu, tout m'est étranger : plus un seul repère, pas même une odeur familière.
Là, dans ma nouvelle famille, les enfants m'apprennent un tas de nouveaux jeux endiablés ; c'est super, c'est chouette, j'ai touts les droits : dormir au lit, ronger les chaussures… Ils s'amusent à des jeux de traction avec moi et la famille rit lorsque je pousse de gros grondements terribles. Ma liberté est totale… Sur le terrain nous jouons à la poursuite et je m'amuse à mordre leurs habits ou leurs jambes, ils rient aux éclats et je suis heureux. J'ai maintenant de nouvelles dents, je deviens grand, fort et beau. Mais à présent, lorsque je saute sur eux, ils tombent parfois à la renverse en pleurant, alors les grandes personnes crient très fort et se mettent en colère après moi.
Maintenant, lorsque je joue avec une pantoufle qui sent bon et que je l'abîme, ils la saisissent et me frappent en criant fort. Lorsqu'ils me chassent du lit car je grogne après eux (j'y dors depuis toujours) ils crient fort et me chassent au-dehors. Ils m'ont enfermé dans une cage,

pourquoi ? Ce que je suis malheureux ! Je ne comprends pas ce qui se passe. Je gémis, j'aboie, je veux retrouver mes amis. Je m'ennuie, c'est horrible d'être tout seul ; je deviens fou ! Lorsque quelqu'un sort de la maison, j'espère qu'il vient me chercher, j'aboie et je bondis contre le grillage mais les gens crient fort, parfois même ils me lancent de l'eau.
Les jours et les semaines passent, j'ai trop froid, j'ai trop chaud. Pourquoi suis-je ici ? Je ne veux plus être seul, je me retrouve dans une cage inconnue, au milieu d'autres cages contenant de nombreux chiens, nous aboyons et gémissons à l'unisson.
Parfois des personnes nous regardent au travers des barreaux. Mais je ne me fie plus aux gens, je reste au fond de ma cage, je ne veux plus les voir.
Pourquoi suis-je là ? Voilà un homme qui s'approche avec une laisse et un collier. Quelqu'un voudrait-il encore de moi ? Bizarre, nous traversons de nombreux couloirs vers une pièce ou flotte une odeur inconnue et plutôt étrange.
Il me passe une muselière sur le museau, pourquoi ? Je n'ai aucune intention agressive !
Il me prend dans ses bras, va-t-il enfin me donner un peu d'affection ? Aïe, que fait-il donc ? Il me pique quelque chose dans la peau ! Je n'arrive plus à résister, à tenir les yeux ouverts, ils se ferment tout seuls. Ils dorment mes yeux, je dors. Ma peine, mon chagrin, ma solitude prennent fin. Je cesse de me demander ce que ces gens voulaient faire de moi.
Je dors et plus rien, personne ne me fera de mal, plus de cris, enfin je repose en paix.
Que tous ceux qui se décident à faire l'acquisition d'un chiot, peu importe sa race, prennent conscience que lorsqu'on enlève un chiot à sa mère, il faudra prendre la place de celle-ci, il faudra élever ce chiot avec douceur, mais fermeté, bref lui apprendre comment se comporter dans le monde des hommes. Mais le plus grave dans tout cela, c'est que cette dernière histoire peut se répéter : l'homme trouvera toujours une excuse pour abandonner son chien.

grand-mère comme le chef de meute, les enfants comme des chiots et le père de famille comme un simple subalterne ! Il ressort donc que les rapports homme chiot ont une importance capitale.
Il devient ensuite très difficile de changer le caractère du chien après 4 ou 5 mois d'existence et nous nous retrouverons alors avec un tyran à la maison, source d'ennuis journaliers.

L'éthologie appliquée au chiot

Après la théorie, voici en pratique ce qu'un futur propriétaire doit entreprendre pour ne pas se trouver en difficultés devant un chien adulte.
Il n'est pas de mon propos de rédiger un traité entier sur le sujet mais je vous indique quelques petits trucs et astuces qui pourront vous être utiles.

Conseils à suivre pour l'acquisition d'un chiot

Il est impératif de retrouver le sigle FCI (Fédération cynologique internationale) sur les papiers des parents et du chiot tant en France qu'à l'étranger. Seul ce sigle prouve l'authenticité des papiers. N'acceptez pas un chiot âgé de moins de 8 semaines. Achetez-le de préférence chez un éleveur connu qui se limite à une, deux ou trois races car il est impossible de connaître correctement et complètement plus de trois races différentes.

Vous devez avoir la possibilité de voir au moins la mère et les frères et sœurs de portée. En revanche le père n'étant pas toujours la propriété de l'éleveur, ne sera peut-être visible qu'en photographie.

Observez le comportement des chiots dans leur milieu habituel. Les oreilles, le nez, les yeux et la région péri-anale doivent être nets, le poil doit être en bon état, la truffe légèrement humide. Le chiot doit être éveillé et avoir envie de jouer. Surveillez les selles, qui sont le reflet de sa santé ; elles doivent être moulées et de couleur brun foncé. Fuyez les chiots diarrhéiques ou avec des excréments de couleur verte ou anormale.

Exigez un certificat de vente et de garantie, mentionnant les coordonnées complètes du vendeur et de l'acheteur, la date, le lieu, le prix d'achat, le nom des vétérinaires des deux parties ainsi qu'une description complète et détaillée du chiot : race, couleur, date de naissance, sexe, nom des parents, numéro de dossier à la Société centrale canine (SCC), numéro d'inscription au Livre des origines français (LOF) et numéro de tatouage.

N'admettez aucune imprécision, par exemple : style ou apparence « chien de berger catalan ».

En France, un chiot ne naît jamais avec un « pedigree ». Il est enregistré provisoirement au LOF, il ne sera enregistré définitivement qu'après sa confirmation par un juge officiel. En principe, l'éleveur vous enverra le certificat de naissance en recommandé avec accusé de réception sans supplément.

Assurez-vous que le chiot est tatoué ou porteur d'un transpondeur (puce électronique), en principe dans l'oreille droite ou éventuellement à l'intérieur de la cuisse pour le tatouage et dans la jugulaire gauche ou droite pour le transpondeur. Le numéro de tatouage se compose d'un chiffre suivi de 3 lettres et encore de 3 chiffres (par exemple 2 LNA 792). Le numéro d'identification électronique est beaucoup plus long : il se compose de plusieurs chiffres, les 3 premiers étant le code du pays suivi du code du laboratoire et ensuite d'un numéro spécifique (ex : 250 026 9600 023658).

Exigez le carnet de vaccination qui doit obligatoirement porter le cachet du vétérinaire ainsi que les vignettes des vaccins utilisés. Demandez les dates des vermifugations et des rappels de vaccination.

Demandez une fiche de renseignements sur l'alimentation et l'entretien général du chiot. Utilisez pendant au moins une semaine la même alimentation que l'éleveur. Si vous désirez changer de marque, faites-le très progressivement afin d'éviter tout risque de diarrhées.

Si vous n'êtes pas vraiment décidé sur une race précise, visitez une exposition canine. N'achetez pas chez le premier éleveur rencontré, visitez plusieurs élevages et fuyez ceux où l'on vous met tout de suite un chiot dans les bras afin que vous « craquiez » plus vite devant cette adorable peluche ! Demandez impérativement à voir des adultes.

Avant de choisir un chiot, observez-le dans son environnement habituel.

Vous pouvez vous adresser à la SCC qui vous donnera les coordonnées de toutes les portées disponibles en France ; sur minitel : 3615 code CHADOG, sur internet : www.scc.asso.fr (portées disponibles par race). Étant donné la rareté de cette race en France, je me permets de vous conseiller de chercher sur la France entière.

Rappelez-vous :
- il faut faire l'acquisition d'une race précise suivant ses disponibilités et suivant ce que l'on peut lui apporter ;
- peu importe la mode, il faut choisir une race en fonction de ce que l'on attend d'elle ;
- on ne choisit pas un Yorkshire pour la garde ou un chien de berger catalan pour le salon.

Respectez les caractéristiques spécifiques de chaque race.

Choix du chiot

Ne vous apitoyez pas devant un chiot qui fuit à votre approche, ne se laisse pas manipuler ou prendre dans les bras, car il a des problèmes de communication. Puisque vous partez pour au moins dix ans de vie commune,

Le moment le plus difficile pour le futur maître est souvent le choix du chiot…

sachez qu'il s'agit de problèmes insolubles et définitifs.

N'achetez pas ce chiot. Au contraire tournez-vous vers ceux qui jouent, vous mordillent les mains, se laissent caresser, vous lèchent. S'ils vous suivent, cela prouve qu'ils ont reçu une bonne imprégnation.

Nous pouvons nous rendre compte, vers 2 mois, sans ambiguïté possible, du degré de socialisation atteint.

Arrivée à la maison

Dès votre arrivée, comportez-vous en chef de meute et surtout pas en subalterne. Un chiot ne peut se comporter comme un adulte éduqué mais il faut imposer des premières règles simples et indiscutables.

Parlez et caressez le chien lorsqu'il effectue ce qui est autorisé, grondez-le en élevant la voix dès qu'il fait une chose interdite.

Le chien de berger catalan a besoin d'un minimum d'exercice mais la vie citadine lui convient aussi bien que la vie campagnarde.

Pourquoi choisit-on un berger catalan ?

Le fait de choisir un chien de berger catalan repose bien plus sur des critères tenant compte de sa personnalité et de son comportement que de son aspect physique plutôt rustique, pas vraiment sophistiqué ou distingué.

Distant, voire méfiant à l'extérieur, il est en revanche familier, affectueux, attaché à son maître dans son foyer. C'est une personnalité double, très contrastée. Il ne donne pas l'impression, la première fois qu'on l'aborde, d'un chien très attachant, du style « pot de colle » : au contraire, il semble plutôt distant et froid, style gardien sûr et vigilant, n'aboyant qu'à bon escient.

Il est toutefois très agréable, sans aucun complexe, ni complication ; il assimilera vite et bien tout ce que vous prendrez la peine et le temps de lui enseigner, il vous respectera et vous aimera pour peu que vous lui accordiez un peu d'attention. En fait il vénère et adore son maître !

Dans son cercle familial, il est plus que câlin et joueur. Il est actif, il lui faut un minimum d'exercice, de promenades surtout s'il vit en appartement, ce qui lui convient parfaitement, à condition d'être proche de son maître. Ne le laissez pas seul trop longtemps ; mais il supportera bien la solitude passagère moyennant un apprentissage dès le début de son arrivée dans la famille.

Il s'adapte aussi bien à la vie campagnarde qu'à la vie citadine. Il aurait tendance à prendre instinctivement les enfants sous sa protection ; méfiez-vous donc de sa réaction si vous décidez de sévir avec vos enfants.

C'est un compagnon idéal des enfants ; ensemble ils deviendront très vite complices, tant au jeu qu'au moment des gros câlins. Le berger ne supporte pas d'être délaissé. Ni amorphe, ni apathique, il aime participer entièrement à la vie de famille, que ce soit pour aller chercher les enfants à l'école ou même simplement aller acheter le journal et les croissants.

Parfois il peut être un peu têtu, et essaie même de dominer toute la famille. Il faut avoir un minimum de caractère pour acquérir ce chien, et s'imposer, dès son arrivée au foyer, en tant que chef de meute.

S'il n'y a aucun problème hiérarchique, vous aurez le meilleur des chiens, si vous êtes moins « dominant », il vous mènera par le bout du nez ! N'ayez aucune indulgence avec cette jolie petite peluche « nounours » lorsqu'elle débarque dans votre vie, au risque de devenir son esclave !

À deux mois, un chiot assimile tout sans se rebeller.

Cela semble très facile mais nous devons nous imposer à nous-mêmes une discipline de chef de meute, ce qui est plus délicat !

Ce n'est pas lui le maître, c'est vous !

À 2 mois, un chiot est parfaitement apte à assimiler son nom, un rappel au pied, un assis... C'est le meilleur moment pour son apprentissage, il assimile parfaitement tout sans se rebeller, ce qui sera moins évident par la suite. Le dicton le dit bien : « ce n'est pas à un vieux singe qu'on apprend à faire des grimaces ! » Je souligne que ce n'est pas au chien de vous dresser.

Pourtant cela se produit sans doute quotidiennement, par exemple lorsque vous êtes à table et que votre chien vient s'asseoir à vos côtés en posant d'abord une patte, puis la tête, en vous regardant avec des yeux doux : il quémande de la nourriture.

Si vous lui cédez, vous avez obéi à son ordre !

Devant la télévision, il se produit le même phénomène et je suis tout à fait sûre que sans attendre vous le cares-

Rappels utiles pour le maître

- Le mot impératif à lui apprendre est le « non » afin qu'il comprenne de suite qu'il a mal agi et que vous désapprouvez son attitude.
- Patience, douceur et fermeté sont indispensables pour son éducation. Le chien de berger catalan s'éduque à la voix. Apprenez à la moduler en fonction de la situation (câlin, ordre, réprimande...). La douceur et sa gourmandise sont vos meilleures alliées, la brutalité est à proscrire.
- Toute l'éducation du chiot se fait entre 2 et 8 mois. Tout ce qu'il apprendra durant cette période le sera à vie : les bonnes comme les mauvaises habitudes.
- Il sait se faire remarquer, ne pas se faire oublier et ira jusqu'à enrouler ses pattes autour de votre jambe afin d'attirer au mieux votre attention. Il s'assoit sur vos pieds ou ceux des visiteurs en pesant de tout son poids contre vous. Ce chien a un grand besoin de contact.
- À 8 mois, il aura presque la taille d'un adulte mais non le comportement. Il faut attendre 15 ou 18 mois pour que ce chien mûrisse et que son instinct de garde se réveille correctement.
- Le chien de berger catalan n'est (en principe) pas fugueur. S'il fugue, c'est par ennui et parce qu'il lui manque votre contact. Il va chercher ailleurs ce qui lui manque à la maison. C'est aussi une de ses manières pour attirer votre attention. Vous êtes responsable de ses fugues. Je connais plus d'un chien de berger catalan vivant libre, sans grillage ni barrière, qui ne cherchent nullement à sortir de leur territoire. Il n'y a pas de mauvais chiens, il n'y a que des mauvais maîtres. Son attachement à son maître est si fort qu'il supporte très difficilement le changement de propriétaire à l'âge adulte.
- Vous aurez la possibilité de comprendre un peu mieux le comportement canin en pensant littéralement à la place de votre chien de berger catalan. Ne pensez pas humain, pensez « chien » : vous arriverez de la sorte à résoudre beaucoup de petits problèmes.

sez, vous avez de nouveau obéi à son ordre : « Caresse-moi ! » Ai-je tort ? Si les chiens pouvaient parler voici ce qu'ils pourraient raconter en se vantant à leurs copains de square : « Moi, je possède un maître super-dressé, il obéit à mes moindres désirs : nourris-moi, viens ici, caresse-moi, et j'en passe. Il est vraiment intelligent, il ne lui manque que la fourrure. »

Aussi attendrissant soit-il, le chiot doit vite comprendre que c'est vous le maître.

Cela vous fait sourire ? Votre chien, je peux vous l'assurer, trouve cela encore plus amusant !

Mimiques de domination ou de soumission

Chaque geste de domination de la part de votre compagnon doit être réprimandé fermement mais en douceur.
En revanche, les signes de soumission devront être reçus avec bienveillance et interrompre votre punition car le chien vous enverra alors le message : « D'accord, c'est toi le chef ! » Si, par malheur, vous continuez à le gronder alors qu'il se soumet, vous ne serez à ces yeux qu'un tyran et non un chef respecté, sévère mais juste.

Attitudes de domination

- Hérisser le poil le long de l'épine dorsale.
- Vous fixer dans les yeux avec défi, les muscles figés et la queue haute.
- Grogner ou hérisser les poils lorsqu'on touche un de ses objets tels que os, jouets, gamelle...
- Chercher à être physiquement au-dessus de vous. Cette tendance peut

Tout ce qu'un chiot aura appris entre 2 et 8 mois sera acquis pour toute sa vie de chien adulte.

se manifester différemment suivant la situation : le plus fréquemment le chien mimera la saillie sur votre jambe. Ce comportement n'a aucune signification sexuelle contrairement à ce que croient beaucoup de personnes. Il représente un rituel de domination du supérieur hiérarchique envers un subalterne. Même les femelles se livrent entre elles à cet exercice.

Attitudes de soumission

- Baisser les yeux et la tête lorsque vous le réprimandez.
- Rentrer la tête dans les épaules avec la queue basse quand vous le touchez.
- Montrer son ventre.
- Donner sa patte.

Droits et devoirs des hommes... et des chiens

Vous vous promenez sur la voie publique, ou en plein centre-ville, avec votre chien convenablement tenu en laisse : deux enfants aperçoivent votre compagnon à quatre pattes et se précipitent sur lui en agitant les bras et en criant de joie... un adolescent vous frôle sur ses rollers et donne en passant une petite tape amicale sur le dos de votre chien.
Un gamin jette un pétard juste à vos pieds et sous le nez de votre compagnon à quatre pattes... Un plaisantin tire énergiquement la queue du chien... Un enfant fait une colère et tape des pieds lorsque votre chien et vous arrivez à sa hauteur.
Voici autant de situations qu'un chien, quelle que soit sa race, se doit de pouvoir supporter quelles que soient ses inquiétudes face à de tels comportements. Il ne peut et ne doit, ni sauter contre les personnes, ni retrousser les babines, ni grogner, et encore moins se servir de ses dents.
Pour réussir ce pari, le travail de l'éleveur joue un grand rôle : il se doit de produire des chiots au tempérament équilibré et socialisés. Mais le nouveau maître doit poursuivre cet

apprentissage du jeune chiot car tous les fondements de l'éducation canine se font entre 2 et 8 mois ; tout ce que le chiot aura appris durant cette courte période sera acquis pour la vie. Le jeune chien doit savoir approcher les enfants avec prudence et surtout beaucoup de patience. S'il est d'un tempérament équilibré, cet apprentissage se fera sans trop de difficultés. Les enfants, quant à eux, se doivent d'apprendre à respecter un animal. Ceci dépendra, bien entendu, de l'enseignement des parents.

Lorsqu'un client arrive accompagné de garnements indisciplinés, je m'abstiens de la vente, car s'il manque d'autorité pour se faire respecter par ses enfants, je n'ose imaginer le futur comportement d'un chiot livré à lui-même.

Vous devez interdire à un enfant de maltraiter un chien (lui tirer le poil, les oreilles, la queue…). Quelles seraient leurs réactions si on leur faisait subir le même traitement ? Généralement, cela se passe très bien car il existe une attirance naturelle et réciproque, un sentiment assez fort pour former une équipe enfant-chien.

Mais la responsabilité appartient toujours aux adultes qui se doivent de superviser cette rencontre.

Lors de rencontres fortuites (par exemple dans la rue…) nous devons considérer notre chien comme un ambassadeur du monde canin. Celui-ci se doit de gagner l'affection de tous les enfants que nous rencontrons. Il ne peut et ne doit pas faire un faux pas, car il y a déjà suffisamment de personnes supportant peu ou mal les chiens.

Cette entreprise est difficile car les enfants, mais aussi et surtout les parents, ont souvent un comportement plus que stupide, des mères disant à voix haute : « Attention ce méchant chien va te mordre ». J'y oppose chaque fois des protestations aussi sonores. Il y a des enfants qui demandent : « Est-ce qu'il mord ? » ce à quoi je réponds par une question « Et toi, est-ce que tu vas le mordre ? »

Heureusement, les rencontres avec des enfants peuvent être des moments heureux. Faites en sorte que votre chien soit debout ou assis mais surtout qu'il ne saute pas. Expliquez aux enfants que le chien n'apprécie pas les cris perçants ou les hurlements, car son ouïe est bien supérieure à celle de l'homme et qu'il attrape vite mal aux oreilles.

Demandez-leur de ne pas lever les bras, de ne pas exécuter de gestes brusques ou de bonds, car ce n'est pas une attitude normale face à un chien qui trouvera ce comportement étrange. Expliquez-leur également qu'ils ne doivent jamais s'enfuir en courant car d'une part les chiens courent plus vite et d'autre part poursuivent tout ce qui court. Ils doivent s'arrêter et parler d'une voix douce au chien.

Simultanément, parlez à votre chien, laissez-le renifler l'enfant mais sans trop d'insistance, un contact de ce genre doit constituer un moment agréable pour le chien et pour l'enfant.

Pour les personnes « anti-chiens », l'animal idéal est celui que l'on n'entend pas, que l'on ne voit pas, que l'on ne sent pas et surtout qui ne vous touche pas. Si nous voulons éviter que des panneaux « chiens interdits » ne soient de plus en plus installés, il faudra que nous,

cynophiles, nous nous appliquions tous ensemble pour faire en sorte que nos chiens ressemblent tous au chien idéal.
Sans parler des crottes de chiens, de l'agressivité, et des autres petits tracas quotidiens qui ont le don d'agacer les gens. Attardons-nous sur les aboiements, les gémissements, les jappements intempestifs, lorsque vous vous absentez, car votre toutou se sent abandonné et s'ennuie. Évitez, dans ce cas, de lui donner l'occasion d'exercer ses vocalises, en le laissant seul trop longtemps. Si vous ne pouvez éviter cette situation, essayez d'habituer votre chien dès son arrivée dans votre foyer à rester seul très progressivement : vous pouvez éventuellement lui laisser la radio ou la télévision (suivant vos habitudes).
Il n'est nul besoin d'être un ennemi des chiens pour trouver plus que désagréable que des traces de pattes de chien salissent vos vêtements, quelles que soient les bonnes intentions du chien. Il est aberrant de constater que des personnes qui ne se permettraient pas de poser leurs mains sales sur eux-mêmes ou sur vos vêtements ou qui interdiraient à leurs enfants un tel comportement ne pensent même pas à éduquer leur chien dès son plus jeune âge, ou du moins à tenir ce brave toutou avec une laisse courte afin que ce dernier évite de venir s'essuyer les pattes sur vous.
Il faut surtout tenir compte des personnes ayant subi un traumatisme datant de leur enfance (causé par des chiens mal éduqués) et qui sont littéralement prises de panique lors d'un tel contact. De telles personnes ne supportent pas non plus d'être reniflées avec instance et curiosité, ceci explique pourquoi il vaut mieux tenir le chien à l'écart de tout inconnu à moins que ce dernier n'invite, de par son attitude, le chien à venir vers lui. Des attitudes de rejet pourraient rendre votre chien méfiant envers les étrangers, surtout pendant la phase d'apprentissage où le jeune chien manque encore d'assurance. Considérez votre compagnon comme le gardien de la réputation de tous les chiens (toutes races confondues). Tout représentant canin qui se conduit mal dans un café, un hôtel ou un restaurant (ne serait-ce même que légèrement) empêchera l'accès au chien suivant.
Combien d'hôtels refusent leur porte aux chiens, car certains maîtres tolèrent de leurs chiens ce qu'ils ne tolèreraient pas dans leur propre maison : uriner sur les meubles, lacérer les tapis et les fauteuils, abandonner des poils partout, car ils toilettent leurs chiens dans la salle de bains et abandonnent cette dernière dans un état de saleté repoussante. Aux États-Unis, où il est devenu très difficile de trouver des hôtels situés à proximité des lieux d'exposition acceptant les chiens, on a prévu les mesures suivantes : on convient avec les hôtels qu'ils communiqueront aux organisateurs de l'exposition les noms des clients dont les chiens se comportent mal. L'organisme dédommage l'hôtel et transmet le nom des « coupables » à l'Américan Kennel Club ; ce dernier les publie et leur adresse un blâme public, de plus les fautifs seront exclus des expositions pour un certain temps. Depuis l'instauration de ces mesures, la situation s'est nettement améliorée.

Savoir communiquer avec son chien

Grâce à un système de signaux comme l'émission de sons, la position du corps, etc., les animaux arrivent à communiquer entre eux. Ces systèmes de communication sont propres à chaque espèce et ne sont compréhensibles que par d'autres sujets de la même espèce.
Pour sauvegarder l'individu ou la meute complète, pour obtenir une cohésion et une structure sociale stable, certains messages doivent être transmis signalant, par exemple, un danger, la nourriture, un intrus ou le moment de l'accouplement.

Comprendre le langage canin

L'homme peut comprendre le langage du chien car celui-ci appartient à une espèce particulièrement « sociale ». Les chiens communiquent entre eux par des signaux visuels, acoustiques et olfactifs.

Communication visuelle

Tout un éventail se présente au chien pour communiquer : la position des oreilles, de la queue ou du corps, les expressions de la tête, ainsi que l'espace qu'il occupe et dans lequel il accepte les partenaires (humain ou animaux) qu'il apprécie. Tout bébé, il apprend déjà un certain nombre de positions qu'il adoptera à l'âge adulte comme l'invitation au jeu, la soumission au maître ou aux autres chiens de la famille.
L'invitation au jeu se reconnaît par l'étirement de la partie antérieure du corps avec l'arrière-main relevée et la queue battant joyeusement l'air.
Pour indiquer la soumission, le chien rentre la tête dans les épaules, rabat sa queue et va jusqu'à s'allonger sur le sol, découvrant son ventre et sa gorge qui sont les deux parties les plus vulnérables.
Déjà avec sa mère, ses frères et sœurs, le chiot apprend à se servir de son corps pour transmettre et recevoir des messages qui lui serviront une fois adulte à communiquer avec ses congénères et les humains. Il faut apprendre à observer minutieusement un chien adulte, son port de tête et d'oreilles, sa démarche, sa façon de se déplacer et d'approcher.

PETITS CONSEILS DE COMMUNICATION

- Ne regardez jamais un chien inconnu droit dans les yeux (c'est un signe de défi pour lui).
- Pour obtenir la soumission d'un chiot ou d'un adulte (en admettant pour ce dernier que votre dominance sociale soit bien établie), secouez-le en le prenant par la nuque.
- Positionnez le chien sur le dos pour lui indiquer sa soumission et votre prédominance à son égard.
- Un chapeau, surtout à large bord, peut effrayer un chien qui n'y est pas habitué.
- Les uniformes, les combinaisons et tous les habillements particuliers peuvent provoquer des réactions anormales du chien.
- Une blouse blanche ou un manteau de fourrure peut aussi causer de mauvaises réactions.
- N'approchez pas un chien inconnu en adoptant un comportement anormal (bras levés, en gesticulant ou en tapant du pied).
- Si votre chien se sauve, ne courez pas après lui : au contraire repartez dans l'autre sens en l'appelant.
- N'oubliez jamais que le chien est un animal « social ».

• Intention amicale

Elle se traduit par une tête haute, la queue en position normale ou éventuellement battant l'air, les muscles du corps relâchés.

• Intention belliqueuse

Elle se traduit par une tête dressée, oreilles en éveil, queue droite, tout le corps étant tendu. Une attaque sera en principe précédée d'un « sourire » découvrant les dents, le poil se dressera le long de l'épine dorsale et un grognement suivra. À ce stade, méfiance surtout si le chien a peur. Un chien « mal dans sa tête », c'est-à-dire non équilibré, attaque beaucoup plus facilement par peur ou autodéfense.

• Intention de soumission

Elle se traduit par une tête rentrée, une queue plaquée ou entre les jambes, parfois même collée au ventre.

Le chien se met en position couchée dès que vous approchez. L'expression de la tête vous donne également beaucoup de renseignements.

Tenez compte de l'expression des yeux, de l'intensité et de la durée du regard direct face à un adversaire, de la position des babines pendantes ou découvrant toutes les dents. Le fait de soutenir le regard signifie un défi. Si le chien baisse les yeux, il se soumet à son congénère.

Voici maintenant quelques petites indications sur le regard.

• Menace

Le regard est alors fixe, alerte, avec une pupille rétrécie.

• Méfiance, peur ou timidité

Le chien baisse les yeux, son regard est fuyant.

• Invitation à jouer

Le regard est alors attentif, il sera accompagné par d'autres signaux tels

Le langage de la queue

Le mouvement de l'appendice caudal n'ayant pas été entièrement compris, celui-ci mérite une certaine considération. Les chiots commencent déjà à remuer la queue très tôt, pendant la tétée d'après certains éthologues. À ce moment-là, ils se sentent en compétition avec les autres et le fait de battre la queue serait dû à une tension déterminée par l'opposition entre la peur des autres et le besoin de se nourrir.

Il est évident que si le chien bat de la queue, ce n'est pas seulement pour jouer ou signaler une intention, mais également pour dégager des odeurs, le but de ces odeurs étant d'indiquer sa présence et de marquer son territoire et tout ce qui lui appartient : nourriture, femelle... Dans tous les cas, intention pacifique ou agressive, l'intensité et l'ampleur des mouvements de la queue indiquent le niveau de contrôle de son émotivité.

que avant-main au sol, derrière levé et queue battante.

- **Invitation à la caresse, à manger**

Le regard est suppliant et langoureux.

Communication olfactive

C'est le système de communication le plus utilisé par le chien puisqu'en raison de sa constitution anatomique et physiologique, il est doté d'un odorat considérablement plus développé que celui de l'homme. Le chien analyse la provenance d'un certain nombre d'odeurs naturelles qu'il émet ou reçoit.

Un mâle marquera son territoire avec ses urines alors que la femelle indiquera sa disponibilité à l'accouplement. Les chiens identifient les prédateurs, le gibier mais également leurs congénères grâce aux urines.

Les odeurs proviennent de la salive, de glandes spécifiques, de l'urine ou des selles. Chaque individu possède sa propre odeur reconnue par le reste du groupe. La miction de soumission dégage un message particulier au travers duquel le chien indique sa soumission totale ; ceci arrive souvent face au maître. Dans ce cas, il ne faut surtout pas punir l'animal mais, au contraire, essayer d'améliorer la situation par une attitude et une éducation adaptées.

Communication acoustique

Le chien entend à une distance bien supérieure à celle de l'homme car son ouïe est très développée et perçoit des sons inaudibles pour nous. Cela explique qu'un chien puisse reconnaître des bruits de pas, de moteur, et autres, bien avant nous. Le berger catalan n'aboie qu'à bon escient, ce n'est pas un forcené de la parole et s'il aboie, allez voir ce qui se passe.

Comment communiquer avec son chien ?

Pour arriver à communiquer avec votre chien, il faut d'abord connaître son langage, autrement dit les signes qu'il vous transmet au travers de son corps, des sons émis ou des odeurs. Il faut utiliser des signaux que l'animal peut comprendre.

Si vous rencontrez un chien que vous ne connaissez pas, il vaut mieux vous renseigner auprès de son maître sur sa façon de réagir. Appelez le chien par son nom avant de l'approcher, évitez de tendre la main directement sur sa tête même si vous désirez le caresser car il pourrait prendre ce geste pour une agression ou une menace. Avant tout présentez-lui d'abord votre main ouverte pour qu'il puisse vous renifler et vous connaître ou reconnaître. Ensuite seulement vous pourrez le caresser.

N'oubliez pas une chose importante : si vous possédez une femelle qui, de plus, se trouve en période de fécondation, vos vêtements seront imprégnés de son odeur et un mâle le remarquera et pourra vous faire quelques avances.

Chien et chat peuvent s'entendre à merveille.

Le chien se sert de son flair pour reconnaître son entourage ; surveillez son attitude lorsqu'il vous approche pour deviner ses intentions. Il vous examine des pieds à la tête et votre attitude et votre position lui indiquent si vos intentions sont amicales ou non, indifférentes ou craintives.

Il ne supporte pas les gestes inhabituels.

Donc si un enfant approche un chien inconnu, il faut les surveiller tous les deux car les gestes maladroits ainsi que les cris de l'enfant ou un pas mal assuré peuvent être perçus par le chien comme un danger et entraîner une mauvaise réaction. Il faut être patient, calme, cohérent, persévérant et utiliser un langage vocal et gestuel pour apprendre à votre chien à réagir correctement.

La récompense doit toujours suivre un exercice d'obéissance réussi ; cela peut être une friandise, une caresse ou une tape amicale sur le dos. Tous les membres de la famille vivant autour du chien doivent utiliser le même langage et se comporter tous de la même manière dans tous les cas.

L'alimentation

Les chiens sont carnivores mais l'évolution et l'adaptation à la vie actuelle les ont aidés à consommer aussi d'autres produits alimentaires d'origine non animale. En fonction de l'âge, de l'état physiologique (croissance, gestation, lactation...), ils ont besoin d'un régime plus ou moins concentré d'une valeur nutritive plus ou moins élevée. Pour l'obtention d'un bon résultat, il faut pouvoir fournir les quantités adéquates des principes nutritifs : protéines, glucides, lipides, vitamines et sels minéraux. L'alimentation optimale est primordiale pour obtenir les meilleurs résultats au cours de la croissance et maintenir ensuite votre chien de berger catalan en bonne santé, avec un poil de qualité et une bonne ossature.

Le processus de digestion

Chez tous les carnivores, l'appareil gastro-entérique se caractérise par un intestin assez court et un estomac volumineux. Les aliments solides restent trois à huit heures dans l'estomac. Pendant ce laps de temps, ils subissent un processus assez lent de digestion avant d'aboutir à l'intestin. C'est à cet endroit seulement que sont assimilées les substances nutritives qui seront véhiculées dans le sang jusqu'aux divers tissus qui en ont besoin.

Le chien peut sans problème ingurgiter des repas abondants et très espacés du fait des caractéristiques anatomiques de son appareil digestif car son estomac se vide très lentement.

Malheureusement, on constate souvent, chez des chiens issus d'une même portée mais élevés et nourris différemment, des développements corporels très opposés. Quelquefois même, l'alimentation non ou mal adaptée entraîne de mauvaises lignes de dos, des ossatures médiocres ou des problèmes d'aplomb pouvant aller jusqu'à la déformation des antérieurs.

Il faut équilibrer le régime journalier de votre chien en sélectionnant des aliments indispensables et éviter de gaspiller inutilement la nourriture en lui donnant des repas inadéquats.

L'alimentation optimale est primordiale pour maintenir votre chien en bonne santé et avec un poil de qualité.

L'énergie

L'énergie contenue dans les aliments se libère après les divers processus de digestion et transformation se produisant dans l'appareil digestif. Les particules d'aliments sont dirigées dans différentes cellules de l'organisme où elles seront transformées en énergie grâce à la présence de l'oxygène. Ceci favorise le dégagement de chaleur qui maintient une température corporelle stable ; l'aliment est donc « brûlé » pour se transformer en énergie. Celle-ci permet au chien de se maintenir en vie et d'effectuer divers efforts physiques.

La quantité de nourriture à transformer est proportionnelle à l'activité physique du chien. Lorsque le chien n'utilise pas toute cette énergie, elle s'évacue en partie par son urine et ses selles. L'excès d'énergie sera emmagasiné dans le corps sous forme de graisse. Les fibres brutes ne dégagent aucune énergie.

Les lipides ou graisses

Ce sont des aliments indispensables parce qu'ils apportent à l'organisme les *acides gras,* la *choline* et les *vitamines liposolubles.* Ils sont les « régulateurs » métaboliques et les constituants des membranes cellulaires et ont un rôle important dans l'appétence de l'alimentation.

Les graisses contiennent deux fois plus d'énergie que les glucides ou les protéines. Elles sont vitales pour le chien au travail ou vivant à l'extérieur. Sous l'action de la bile et des enzymes pancréatiques, elles sont bien digérées par les chiens en bonne santé. Elles constituent des réserves d'énergie en s'accumulant dans le corps mais elles ne restent pas en permanence sous forme de dépôt. Elles sont remises en circulation lorsque l'organisme en a besoin.

Les lipides sont surtout présents dans le système nerveux ainsi que dans certains liquides organiques. Le cerveau contient de grande quantité de *choles-*

Quand chien et chat cohabitent, chacun doit avoir sa gamelle.

térol qui est un lipide composé indispensable à tout l'organisme.

L'alimentation du chien est toujours assez riche en graisses aussi bien d'origine animale (lard, saindoux, beurre...) que d'origine végétale (huile de tournesol, d'arachide...). Ces dernières sont plus riches en *acides gras insaturés* et nettement supérieures aux autres graisses sur le plan diététique. Les acides gras insaturés sont indispensables aux chiens, surtout pour la croissance et la prévention des eczémas. Il faut au moins 5 % de lipides et 1 % d'acide linoléique. Les graisses que l'on utilisera devront être de bonne qualité car elles peuvent rancir, surtout à l'exposition de la lumière et à l'air libre.

LES GLUCIDES OU HYDRATES DE CARBONE

Ils sont présents en très petites quantités dans l'organisme du chien et se situent dans le sang, le foie et les muscles. L'organisme les emmagasine pour former une source d'énergie disponible en cas de besoins urgents tels que fuite, lutte, efforts musculaires intenses ou éventuellement stress.

Les sucres les plus simples sont le *fructose* et le *lactose*. L'*amidon*, que l'on

trouve dans les céréales, est l'hydrate de carbone alimentaire le plus important. Il doit néanmoins être transformé en *dextrine*, par la cuisson ou des traitements spécifiques, sinon il est très indigeste pour le chien.
Les hydrates de carbone ne sont indispensables qu'au cours du dernier mois de gestation. Ils sont largement employés dans l'alimentation du chien. Un excès de *saccharose* peut provoquer des diarrhées car l'intestin du chiot et de l'adulte sécrète peu d'enzymes permettant son assimilation. Le chien adulte digère quelquefois mal le lait car il manque de *lactase*.

Les protéines

Les protéines forment une grande partie de la matière organique du corps du chien. Elles sont indispensables à la formation des muscles, de l'ensemble des tissus, des hormones, du sang... Leur fonction est essentiellement « plastique ». Elles sont primordiales dans l'alimentation d'un chiot, dont l'organisme est en pleine croissance et dont le nombre de cellules augmente chaque jour, mais également pour l'adulte dont les cellules se renouvellement au quotidien. Grâce aux protéines, l'organisme du chiot se développe correctement et celui des adultes se maintient en forme.
Les protéines alimentaires sont constituées d'une vingtaine d'*acides aminés*. Certains sont dits indispensables car l'organisme ne peut pas les synthétiser. Les besoins en protéines du chien varient suivant son état physiologique (croissance, entretien, lactation, gestation). Certaines protéines sont assez indigestes (tendon, peau, cartilages, plumes...) alors que d'autres sont meilleures (muscles, foie, abats). Du fait qu'ils sécrètent une grande quantité de *sucs gastriques*, les chiens peuvent digérer des protéines en cours de putréfaction, ils en sont d'ailleurs fort gourmands.
Les farines de soja ou d'arachide sont des protéines végétales alors que les viandes, poissons, fromages, œufs sont des protéines d'origine animale.
Quand on associe ces deux types de protéines, leur valeur biologique globale est souvent supérieure aux mêmes protéines prises séparément.
Une consommation excessive de protéines sur une longue période peut être nocive dans la mesure où le surplus ne peut être emmagasiné par le corps. Elles seront fractionnées car une partie sera brûlée comme source d'énergie et l'autre partie contenant de l'azote sera éliminée dans les urines.

Les vitamines

Les quantités agissantes sont infinitésimales. Elles ne fournissent pas d'énergie et ne sont pas utilisées comme éléments « plastiques ». En revanche elles interviennent dans plusieurs processus essentiels à la vie du chien. Leur présence est indispensable car un excès de vitamines, tout comme un manque, peut entraîner de graves déséquilibres. Les vitamines sont produites par les organismes végétaux ; la flore bactérienne intestinale des herbivores la synthétise. C'est pourquoi les chiens apprécient les tripes et même les crottes des ruminants et des herbivores en général.

Certaines marques d'aliments pour chien manquent quelquefois de vitamines ; il faut donc parfois pallier ce manque avec un apport complémentaire, surtout durant la croissance du chiot. Le foie, les huiles de foie, les œufs, les germes de céréales, les levures, les huiles végétales sont des sources vitaminiques naturelles.

Certaines vitamines perdent leur efficacité lors de la cuisson ou d'une exposition à la lumière.

Les sels minéraux

Ce sont les constituants essentiels de tous les tissus de l'organisme. Ils interviennent dans le processus d'osmose. Ils contribuent à l'équilibre acido-basique du corps. Ils jouent un rôle vital et un excès, tout comme une carence, peut causer des dysfonctionnements organiques.

Le calcium, le phosphore, le magnésium, le potassium, le sodium et le chlore doivent être présents en grande quantité. Les oligo-éléments comme le manganèse, le fer, le cuivre, le zinc ne doivent se trouver dans l'organisme qu'à l'état de trace.

Calcium et phosphore

Ils travaillent ensemble dans de nombreuses fonctions organiques, telles que la formation du squelette qui est essentiellement constitué de phosphate de calcium. Le calcium est indispensable dans de nombreux processus biologiques comme la coagulation du sang, la contraction du myocarde... Le phosphore est un constituant de toutes les cellules, il participe aussi à l'équilibre acido-basique de l'organisme et intervient dans le métabolisme des hydrates de carbone et des graisses. Ces deux sels minéraux doivent être dosés très sérieusement. Des carences apportent des retards de croissance, du rachitisme, des os fragiles, pauvres en minéraux.

Sodium et chlore

Beaucoup pensent à tort que le chien n'en a pas besoin ; ils se trouvent sous forme de chlorure de sodium (sel de cuisine). Ils sont présents dans le sang et les liquides organiques. Ces sels minéraux interviennent dans le maintien hydrique du corps. Les aliments secs en contiennent en principe 1 %. Une carence se traduira par une peau sèche, une perte de poils, un retard de croissance et une moindre résistance à l'effort.

Potassium

Il est nécessaire à l'activité cardiaque et musculaire.

Fer et cuivre

Tous deux exercent une fonction anti-anémique et contribuent à la formation de l'hémoglobine (globules rouges). Une carence provoque une anémie.

Magnésium

Indispensable au chien, étroitement lié au métabolisme du calcium, du phosphore et des glucides. Une carence en magnésium provoque des retards de croissance.
En revanche, un excès augmente la diurèse et a un effet laxatif.

Les aliments

La viande

En principe, elle est constituée de déchets de boucherie. On peut la servir crue ou ébouillantée selon sa qualité.
Le porc : il doit être impérativement bien cuit. Selon la quantité de graisse contenue dans cette viande, les apports caloriques et protéiques seront très différents. Pour les chiots, il serait préférable de hacher cette viande, ce qui n'est pas utile pour l'adulte qui peut manger des morceaux.
La viande bovine : découpée dans la tête, la rate ou les organes génitaux, elle contient une part de graisse plus ou moins élevée. Les muscles augmentent la digestibilité et la valeur biologique de la viande ; en revanche les tendons, les cartilages et les tissus conjonctifs les diminuent.
La viande de volaille : le cou, la tête et les carcasses de poulets sont les principales sources. Parfois elle contient beaucoup d'os et la présence de la peau et de la graisse sous-cutanée augmente la teneur en lipides. Elle offre des protéines digestes et dotées d'une bonne valeur biologique. Chez certains chiens, un excès d'os provoque une constipation.
Les abats : ce sont les viscères tels que le cœur, les reins, le foie, le cerveau, les tripes, la rate, l'estomac... Il vaut mieux les cuire. Leur apport en protéines est inférieur à celui du muscle, mais les chiens les apprécient beaucoup.

Le poisson

En principe, il sera plus apprécié cuit. Ses protéines sont digestibles et de valeur biologique élevée. Le poisson est parfait pour la croissance du chiot. Les arêtes doivent être hachées ou enlevées.
Les poissons maigres de mer sont plus souhaitables. Le poisson séché est bénéfique en hiver. La farine de poisson est également excellente car riche en vitamines et sels minéraux.

Les œufs

Seul le jaune peut être donné cru car le blanc contient un antivitaminique.

Les œufs sont indiqués lors de la croissance ou la lactation et peuvent remplacer la viande ou le poisson. Les œufs sont d'excellents aliments, à valeur biologique élevée, riches en protéines, lipides et vitamines.

Le lait

Il constitue un des principaux aliments du chiot. L'adulte le digère souvent mal car il manque de lactase qui est une enzyme permettant la diges-

Proportions idéales de l'alimentation du chien de berger catalan

	Croissance	Entretien normal	Gestation
Protéines brutes (%)	28	23	30
Matières grasses brutes (%)	18	14	20
Cellulose brute (%)	3	4	3
Cendre brute (%)	8	8	8
Humidité (%)	8	8	8
Vitamines			
A (Ui/kg)	14 500	15 500	14 500
D3 (Ui/kg)	1 200	1 300	1 300
E (Ui/kg)	100	80	105
C (Ui/kg)	45	38	45
B12 (mg/kg)	0,17	0,25	0,45
Biotine (mg/kg)	0,44	0,47	0,45
Minéraux			
Calcium (%)	1,2	1,35	1,2
Phosphore (%)	0,9	1,1	1
Potassium (%)	0,68	0,86	0,64
Sodium (%)	0,6	0,59	0,6
Chlorure de soufre (%)	0,65	0,5	0,65
Magnésium (%)	0,11	0,11	0,12
Fer (mg/kg)	220	195	230
Cuivre (mg/kg)	32	32	32
Manganèse (mg/kg)	53	50	55
Zinc (mg/kg)	225	285	250
Iode (mg/kg)	3,8	3,6	3,9
Sélénium (mg/kg)	0,25	0,25	0,25
Énergie métabolisable (Kcal)	**4 061**	**4 113**	**4 174**

tion du lait. C'est un excellent aliment riche en lipides, vitamines, sels minéraux et protéines à valeur biologique élevée.

Le lard, les graisses et les huiles végétales

Ces produits sont indiqués pour un chien faisant des efforts physiques. Ils sont nécessaires en petite quantité. Je vous conseille d'ajouter une cuillerée à soupe d'huile ou de margarine de tournesol ou de maïs au repas du chien, ce qui favorisera l'aspect de son pelage et de sa peau. Ce sont de très bonnes sources caloriques appréciées des gourmands.

Le riz et les pâtes

Le chien les digérera mal s'ils ne sont pas assez cuits. En effet, l'amidon contenu dans le riz et les pâtes doit être transformé en dextrine par la cuisson. Ils peuvent entrer pour 40 à 60 % de la ration journalière. Ce sont de bonnes sources de calories grâce à l'amidon.

Le pain

Il doit être bien sec et surtout pas moisi car il nuirait à la santé de votre compagnon.
C'est une excellente source d'énergie dont le chien est friand.

Les flocons de céréales et le riz soufflé

Tous les flocons n'ont pas subi le même traitement. Les céréales ne sont digérées par le chien qu'après cuisson. N'oubliez pas que ces produits sont volumineux et que l'apport nutritif doit être calculé par rapport au poids et non au volume. Ils peuvent remplacer le riz, les pâtes ou le pain comme base énergétique de l'alimentation.

Les légumes et les fruits

Leur emploi est recommandé mais n'est pas vraiment indispensable pour l'équilibre du chien qui les apprécie modérément. Leur apport énergétique est généralement faible.
Les légumes sont composés de fibres indigestes évacuées dans les selles. Il vaut mieux les remplacer par quelques cuillerées de son qui apportent des sels minéraux et des vitamines excellentes sur le plan diététique, surtout pour les chiens obèses, sédentaires ou souffrant de constipation. En cas de problèmes intestinaux, la carotte hachée est recommandé ; elle n'est pas indispensable au chien en bonne santé. Il faut éplucher les pommes de terre.
Certains de nos amis apprécient les fruits mais ceux-ci ne présentent que peu d'intérêt diététique. Plus la teneur en fibres brutes est élevée, plus la valeur calorique de l'alimentation est basse car les fibres ne sont pas digé-

Mettez toujours de l'eau fraîche et propre à la disposition de votre chien.

rées par le chien et leur présence diminue d'autant l'apport énergétique.
Une petite quantité de fibres peut être utile car elle contribue au maintien du poids et évite l'accumulation de réserves de graisses ; au contraire un excès peut être nocif car il absorbe une partie des éléments nutritifs. En revanche, les fibres permettent de prévenir la constipation en accélérant le transit intestinal.

L'EAU

Le chien doit avoir toujours à disposition de l'eau fraîche et propre. Pensez à la changer quotidiennement. Les aliments secs, utilisés par de nombreux éleveurs, augmentent la consommation d'eau.
Le chien sait se réguler en fonction du type d'aliment et du climat.

LES ALIMENTS INDUSTRIELS

On enregistre une augmentation importante de production d'aliments prêts à consommer. Une amélioration notable de la qualité a été favorisée par la grande diffusion et le recours à des techniques productives sophistiquées. Il faut apprendre à connaître les multiples aliments proposés dans le commerce afin de les utiliser au mieux. Une lecture attentive de la composition figurant sur chaque produit vous permettra de comparer, d'analyser et de choisir.

On peut donc distinguer :

- les **aliments simples :** divers produits d'origine animale ou végétale ;
- les **aliments complémentaires :** mélange de produits avec teneurs élevées de certaines substances auxquelles on a ajouté un autre aliment ;
- les **aliments complets :** mélange de produits d'origine animale et végétale répondant parfaitement aux exigences nutritives journalières.

Il est important de différencier ces trois types d'alimentation.

Suivant leur degré d'humidité, on peut par ailleurs les classer dans les catégories suivantes :

- les **aliments secs :** ils ont un taux d'humidité inférieur ou égal à 14 %. Ils sont de conservation longue et sont les plus utilisés grâce à leur facilité d'emploi. Les chiens les trouvent moins appétents que les aliments semi-humides ou humides. Ils sont en principe composés de céréales (blé, maïs, orge, riz), de farine de viandes et de poissons, de soja et enrichis en vitamines et sels minéraux ;
- les **aliments semi-humides :** ils ont un taux d'humidité compris entre 14 et 34 %. Ils sont commercialisés en sachet ou en surgelé ;
- les **aliments humides** ou **conserves :** ils sont très appétents mais doivent être accompagnés de flocons de céréales, de pain, de riz ou de pâtes. Leur prix est plus élevé que celui des aliments secs et ils sont en principe constitués de déchets d'abattoirs, de céréales, de soja et de légumes.

La qualité des aliments tout prêts

Un texte de la Communauté économique européenne protège les intérêts des consommateurs dans le domaine des aliments animaliers. La qualité du produit dépend des matières premières utilisées, de sa composition, des traitements chimiques effectués ainsi que de sa forme (biscuits, boulettes, flocons, granules...). Chaque produit doit obligatoirement porter une étiquette contenant les informations suivantes :

- les **ingrédients :** ils doivent être indiqués en ordre décroissant de quantité et avec un descriptif précis (type de viande...) ;
- l'**analyse chimique :** elle donne des renseignements sur la teneur en principes nutritifs de la matière sèche, c'est-à-dire de l'aliment dépourvu de son eau ;
- la **composition vitaminique :** elle indique la quantité de vitamines et de sels minéraux par kilo d'aliments ;
- les **instructions :** celles-ci vous donnent des conseils sur le mode de préparation, les doses à donner

Aussi gâté que puisse être votre chien, évitez de lui donner des sucreries…

d'après l'expérience du producteur ;
- la **date limite de conservation :** elle vous indique la date au-delà de laquelle le produit n'est plus garanti.

Lorsque l'on prépare soi-même le repas de son chien, il est certain que la ration n'est pas aussi équilibrée qu'avec des aliments complets. Ceux-ci possèdent un rapport protéines/glucides correspondant aux besoins réels du chien en lui apportant les quantités nécessaires de vitamines et de sels minéraux. Tout dépendra aussi des matières premières entrant dans la composition du produit. On note actuellement une recrudescence des produits prêts à l'emploi souvent importés des États-Unis et la concurrence importante ne fait que contribuer à l'amélioration de la qualité et à la baisse des prix.

L'ALIMENTATION DU CHIOT

Dès le quinzième jour, on peut commencer à donner du lait aux chiots. Si vous utilisez du lait de vache il vous faudra ajouter un jaune d'œuf pour 100 millilitres de lait.

On peut utiliser du lait pour agneaux qui donne toute satisfaction. Le se-

Le sevrage du chiot est terminé à la fin de la sixième semaine.

vrage complet ne doit pas se faire avant le trentième jour.

Le lait maternel n'a pas la même composition que le lait de vache : protéines 3,3 %, lipides 3,7 %, cendre 0,7 %, eau 87,5 %, contre 8,8 % de protéines, 10,2 % de lipides, 1,3 % de cendre et 76,5 % d'eau dans le lait de chienne. Celui-ci assure une prise de poids rapide au cours de la première semaine de vie.

Pour soulager la mère, on conseille souvent un sevrage précoce. En alimentation ménagère, il vous faudra mouliner tous les aliments au début du sevrage alors que les aliments industriels, imbibés d'eau, s'écrasent très

N'oubliez pas que le chien a des besoins alimentaires différents de ceux de l'homme.

- Mettez toujours de l'eau fraîche et propre à sa disposition.
- Ne lui donnez pas de « vieux » restes d'aliments.
- Lavez soigneusement et régulièrement les récipients servant à son alimentation.
- Ne donnez pas d'os de poulet, de lapin ou d'agneau.
- Ne donnez pas d'arêtes de poissons.
- Évitez les sucreries.

facilement à la fourchette pour former une bouillie. Vous pourrez commencer le dix-huitième jour par une petite cuillerée à café de bouillie de croquettes. La dose sera augmentée tous les jours sauf si les chiots présentent des selles molles. Les trois autres repas de la journée seront constitués par le lait maternel.

À la quatrième semaine, un deuxième repas de croquettes sera proposé puis un troisième à la cinquième semaine. Le sevrage sera donc terminé à la fin de la sixième semaine. Entre-temps, vous pouvez laisser à la disposition des bébés des croquettes sèches, ils feront d'eux-mêmes la transition entre alimentation humide et sèche.

Un chien qui se dépense beaucoup a naturellement besoin de davantage de nourriture qu'un chien « plus tranquille ».

Hygiène et santé

Race rustique, le chien de berger catalan ne pose pas de problèmes de santé particuliers dans la mesure où il mène une vie saine :
- *exercices physiques réguliers parce qu'il a besoin de se dépenser ;*
- *alimentation équilibrée ;*
- *hygiène générale commune à tous les chiens : propreté des lieux de vie, toilettage, vaccinations de même que déparasitages externes et internes méthodiques.*

Le toilettage

Le Berger catalan a la particularité de posséder un poil modérément long, nécessitant peu d'entretien. Sa texture, mi-molle, mi-crin, appelée « poil de chèvre » (le poil doit crisser entre les doigts) évite l'apparition des nœuds et de feutre. Par conséquent, un sérieux coup de brosse hebdomadaire est largement suffisant ; n'oublions pas qu'il s'agit d'une race rustique et nous nous devons de respecter son aspect initial. Il est certain que si vous désirez un chien un peu plus « chic », il vous faudra le laver, et faire un réel « brushing » avec une huile à base de jojoba ou de vison : cependant, cela lui donnera un aspect complètement atypique de sa race.

L'entretien du poil du chiot

La période qui demande le plus d'entretien est la première année. En effet, le chiot garde son poil fin de bébé jusqu'à l'âge approximatif de 8 mois. C'est pendant cette période qu'il faudra faire l'apprentissage du brossage

Le chiot garde son poil fin de bébé jusqu'à environ 8 mois.

La mue du chien de berger catalan

Cette mue spectaculaire s'effectue par moitié, si bien qu'on a l'impression de deux demi-chiens mis bout à bout.

Le poil de l'avant du corps tombe le premier, suivi de la moitié arrière : mais rassurez-vous, tout s'harmonise assez vite.

ainsi que de l'épilation du conduit auditif des oreilles et de la coupe des griffes des ergots.

N'hésitez pas à féliciter votre compagnon, en le récompensant éventuellement d'une friandise ou d'une caresse, afin que celui-ci accepte mieux ces séances de manipulation forcée.

Pour les premiers toilettages, soyez rapide, calme et surtout très patient.

Le poil du chien de berger catalan nécessite peu d'entretien. Ici, Sisco de la Gosserie du Marais, Champion de France

Pendant son adolescence (entre 10 et 15 mois), ne vous laissez pas surprendre par le changement de texture du poil. En effet, le poil de chiot s'emmêle avec la nouvelle toison adulte, formant des catons appelés plus communément « nœuds ».
Si, pendant cette période, votre chien n'est pas brossé quotidiennement, cela va former une bourre qui va se coller à la peau, ce qui pourrait entraîner de gros problèmes d'eczéma provoqué par l'absence d'aération de l'épiderme, facilitant l'installation des parasites.
Cette négligence se terminerait par une tonte complète, votre chien ne serait plus un digne représentant de sa race. De plus, n'étant pas habitué au poil court, il risquerait de se gratter et de se mordiller nerveusement, cherchant sa protection naturelle.

L'entretien du poil à l'âge adulte

Pour un brossage parfait, utilisez une carde douce ; commencez par le bas de la patte et remontez progressivement en brossant mèche par mèche. Vous pouvez éventuellement vous aider d'un spray lustreur. Pour vérifier si votre travail est correct, utilisez un peigne en bois à dents larges. Si votre peigne accroche, reprenez votre brosse et démêlez. Surtout n'employez jamais un peigne couteau (avec des lames coupantes) pour le débourrage car celui-ci couperait le nœud et cela formerait un trou. Méfiez-vous des zones sensibles – intérieur des cuisses, arrière des oreilles, car un brossage trop fort peut irriter la peau. Brossez toujours l'oreille à plat sinon elle pourrait se déchirer.
Si votre chien est vraiment très sale, vous pouvez éventuellement le laver. Utilisez uniquement un shampooing adapté à l'espèce canine et de préférence au jojoba ou au vison. Évitez les shampooings et les sprays qui pourraient faire gonfler, voire électriser le poil de votre Berger catalan. Étant donné que ce chien a un poil auto-nettoyant, évitez de trop le toiletter. Sa toison s'abîme plus vite, le poil casse et tombe, ce qui ralentit la pousse de ce

Toilettage avant l'exposition

Pour une présentation en exposition, il est préférable de présenter votre chien en conservant son aspect rustique mais sans nœuds ; la robe de cadenettes est admise. Toutefois certains juges étrangers préféreront un Berger catalan hypertoiletté. Dans ce cas, lavez-le sept jours avant l'exposition et au dernier moment effectuez un brossage à rebrousse-poil, afin de lui donner du gonflant.

Pour une exposition, présentez plutôt votre chien en conservant son aspect rustique, mais sans nœuds.

dernier. Il est beaucoup plus facile d'entretenir un pelage de couleur claire (fauve et sable) plutôt que de couleur foncée (gris et noir givré).

Afin d'éviter des problèmes auriculaires, pensez à épiler l'intérieur de l'oreille et nettoyez à l'aide d'une lotion adaptée (environ une fois par mois). Les chiens très fournis de poils en tête peuvent être effilés modérément au niveau de la mèche, à l'aide de ciseaux dentés, des deux côtés pour éclaircir leur champ de vision. Cet entretien effectué trop subitement risque d'entraîner des écoulements larmoyants non désirables provoqués par l'éblouissement de la clarté naturelle.

Pour les mâles, vous pouvez éventuellement couper ou raser les poils du fourreau et remonter sur une petite partie du ventre, pour éviter des odeurs désagréables.

Si l'on choisit, pour d'autres bergers, un toilettage forcené, j'estime qu'il est inutile sur le Berger catalan. Donc si vous aimez « chouchouter » votre animal mieux vaut vous tourner vers une autre race.

Il est beaucoup plus facile d'entretenir un pelage de couleur claire plutôt que de couleur foncée.

La coupe des ongles

Les doubles ergots (doigts supplémentaires munis d'ongles), situés à l'intérieur des postérieurs et quelquefois des antérieurs aussi, ne s'usant pas naturellement, il est fortement recommandé de les couper régulièrement sinon l'ongle pousse en faisant un tour complet sur lui-même, et rentre par sa forme dans la chair, provoquant une infection purulente.

Attention, l'ongle contient une veine et si vous coupez trop court, celui-ci va saigner longtemps et abondamment. Si cet incident se produit, il existe une poudre hémostatique. La coupe du poil entre les coussinets est pratique, surtout l'hiver, cela évite la formation de boue séchée gênant la démarche et salissant votre intérieur. Afin de rectifier un léger panardisme, utilisez des ciseaux courbés, coupez en rond l'extrémité des poils du bas de la patte pour donner un aspect dit « patte de chat ».

La santé de votre chien

Les yeux

Les yeux doivent être de couleur ambre foncé conformément au standard officiel. Malheureusement, quelques chiots naissent avec un ou parfois les deux yeux bleus. Ce caractère est récessif, ce qui veut dire qu'il est présent dans les chromosomes, mais caché par la couleur ambre foncé qui est dominante. Il faut que les deux parents soient porteurs de cette tare pour obtenir des yeux bleus.

Les éleveurs n'ont pas la possibilité de remarquer les yeux bleus avant 4 à 5 semaines car les chiots n'ont pas acquis encore leur couleur définitive. De plus, les éleveurs possédant un étalon ou une lice porteur ne se vantent jamais du problème rencontré et évitent d'en parler, ce qui est regrettable.

L'atrophie rétinienne généralisée progressive (ARP)

Elle peut être la conséquence d'un processus héréditaire ou acquis. Il existe deux modalités :

- l'**atrophie rétinienne généralisée :** le signe qui attire l'attention en premier lieu est la baisse de la vision crépusculaire et nocturne. La perte de vision devient totale au bout d'un certain nombre d'années. On peut aussi noter parallèlement le développement d'une cataracte ;
- l'**atrophie centrale :** il s'agit de dysplasie de l'épithélium pigmentaire rétinien (dysplasie : anomalie dans le développement biologique entraînant des difformités). Les cellules visuelles sont affectées secondairement. La vision des objets rapprochés est mauvaise. De plus, l'âge d'apparition des symptômes est plus précoce : quelques mois à 2 ans.

L'évolution tend ici aussi vers la cécité mais plus tardivement.

La glande de Harder

On l'appelle communément glande de Harder alors que son nom exact est la glande nictitante. Elle est située à la face cornéenne sous la troisième paupière. Il s'agit d'une glande lacrymale accessoire qui peut s'hypertrophier sous l'influence de facteurs inflammatoires. Elle peut aussi faire saillie sous le bord libre de la troisième paupière, c'est ce qu'on appelle la luxation de la glande de Harder. Les signes cliniques en sont une masse oblongue, rouge orangé, s'accompagnant de larmoiement et d'une gêne modérée. Quelquefois la résorption spontanée peut se réaliser. La plupart du temps, il faut recourir à l'exérèse chirurgicale.

L'entropion

L'entropion est l'enroulement du bord de la paupière vers l'intérieur de la cornée.

Il peut y avoir quatre modalités : congénitale, spasmodique, bulbaire ou cicatricielle. L'affection peut être soit d'expression sporadique soit héréditaire :

- l'**entropion spasmodique :** c'est la résultante d'une affection douloureuse du globe, l'irritation cornéenne elle-même étant génératrice d'entropion. Seul l'entropion spasmodique peut être contrôlé par les anesthésiques locaux ;
- l'**entropion cicatriciel :** il peut résulter de traumatismes de processus inflammatoires chroniques ou faire suite à une opération chirurgicale ;
- l'**entropion congénital :** c'est la forme la plus fréquente. Entropion de la paupière supérieure et ectropion de la paupière inférieure en cas de laxité de la peau du crâne ;
- l'**entropion bulbaire :** il est dû à une position trop profonde du globe oculaire dans l'orbite.

Les signes cliniques sont dominés par l'irritation et l'inflammation de la cornée et de la conjonctive. Un écoulement séreux peut se surinfecter et devenir mucopurulent. La gêne oculaire se traduit par un grattage ou des frottements des paupières sur le sol ou les tapis.

Enfin avec le temps, il s'établit une érosion cornéenne. Le traitement chirurgical précoce semble le plus adapté et apportera la seule solution à ce problème. De nombreuses techniques chirurgicales sont proposées.

L'ectropion

L'ectropion est l'éversion de la paupière, la fermeture incomplète du bord libre de la paupière qui, trop séparé de la cornée, expose la conjonctive à l'agression de l'air. L'ectropion peut être congénital ou acquis. Il se retrouve fréquement chez de nombreuses autres races à babines lourdes et pendantes, chez le chien à la peau du crâne abondante et mobile, avec généralement un excès de longueur de l'orifice de l'œil.

Les signes cliniques sont une congestion des conjonctives avec jetage

séreux pouvant se surinfecter. Les complications sont moins graves en général que celles qui accompagnent l'entropion. Cependant, outre son aspect disgracieux, l'ectropion peut faire le lit d'une infection.
Le traitement est essentiellement chirurgical. Il consiste à raccourcir la longueur de la paupière atteinte.

La gale auriculaire

Les oreilles étant tombantes, l'aération naturelle est réduite, il faut donc absolument surveiller les pavillons d'oreilles du chien de berger catalan. Une odeur forte, un dépôt noirâtre, épais, doit immédiatement vous alerter ; consultez votre vétérinaire pour les soins adaptés.
Mensuellement, pensez à nettoyer les conduits auditifs avec un produit adéquat. Surveillez les autres chiens de la maison ; un déparasitage externe sera utilement associé au traitement médical.

L'hygromas

Les pressions prolongées sur les saillies osseuses font apparaître des bourses formées de fibres collagènes et remplies d'un liquide muqueux. Ces bourses apparaissent le plus souvent à la pointe du coude car nos chers Bergers catalans ont la fâcheuse habitude de se coucher trop lourdement. Il ne faut pas faire leur ablation uniquement dans un but esthétique car une résection totale s'accompagne généralement d'une cicatrisation difficile et longue. Une aspiration stérile du contenu est efficace dans les petits hygromas récents. Les lésions anciennes à parois épaisses sont ouvertes et drainées car elles ne répondent pas à la vidange. Mais, bien souvent, l'hygromas du coude disparaît seul sans aucune intervention.

Les oreilles du chien de berger catalan étant tombantes, il est nécessaire de surveiller leurs pavillons régulièrement.

La torsion de l'estomac

C'est un complexe pathologique comprenant une dilatation aiguë ou suraiguë et aboutissant à la mort de l'animal en quelques heures en l'absence de traitement. La torsion de l'estomac est plus fréquente chez les chiens de grande race mais n'est pas rare chez les petits ou moyens formats.

Signes cliniques

À la fin d'un repas abondant, il se produit une dilatation aiguë de l'estomac due à la fois au remplissage excessif de l'organe, à une motilité diminuée et à un trouble de la vidange. La dilatation de l'estomac s'aggrave par les gaz de fermentation. Les accès de l'estomac se ferment, le météorisme augmente, il comprime la veine porte et entrave les mouvements du diaphragme. Le débit cardiaque diminue ainsi que la pression sanguine, l'oxygénation de l'estomac et de l'ensemble de l'organisme. Il en résulte un choc et la mort.

Symptômes

Ils apparaissent souvent le soir ou la nuit après un repas abondant. Les animaux sont agités, boivent et font des efforts vains de vomissements. On est frappé par la distension croissante de l'abdomen et par la dyspnée de plus en plus grave qui l'accompagne. Il en résulte une insuffisance circulatoire de plus en plus accusée avec tachycardie, pouls rapide et faible, pâleur des muqueuses, chancellement, collapsus et mort. Les symptômes sont si caractéristiques, surtout à un stade avancé, que le vétérinaire peut déjà établir un diagnostic de suspicion par téléphone.

Traitement

Il doit être immédiat et rationnel pour avoir de bons résultats. Chaque minute perdue à établir le diagnostic ou à tenter un traitement médical peut compromettre la vie du chien.
L'opération chirurgicale est la seule issue. Au retour à la maison, il est recommandé de fractionner le repas en plusieurs prises journalières.

Prévention

Pour tenter de prévenir la torsion de l'estomac, mieux vaut donner deux repas par jour aux chiens adultes et pourquoi pas essayer le libre-service.

Les parasites

Deux types de parasites peuvent perturber l'état général du chien : les parasites internes et externes.

Les parasites internes et la vermifugation

Il faut savoir que les chiens sont fréquemment parasités quels que soient leur cadre de vie et les soins qui leur sont prodigués. Durant la gestation, les chiots le sont par voie placentaire, par des larves et des vers auparavant enkystés dans les tissus maternels et libérés durant cette période. Laisser les vers se développer chez le chien est dangereux à plusieurs titres. D'une

Le chiot doit être vermifugé régulièrement jusqu'à l'âge de un an.

part, pour sa santé, car le développement de parasites engendre divers troubles : maigreur, anémie, poil terne, irritabilité, diarrhées pouvant être sanguinolentes. D'autre part, les vers sont transmissibles à l'homme, entraînant de ce fait des pathologies fort désagréables. Les œufs sont libérés avec les selles et sont très résistants en milieu extérieur, ce qui engendre facilement une réinfestation ou l'infestation des chiens fréquentant les mêmes endroits.

On distingue différents types de vers :

- les **ascaris ou vers ronds :** ils infestent les chiots dès leur plus jeune âge. Chez l'adulte, les larves s'enkystent dans les tissus mais se libèrent chez la femelle durant la gestation ;
- les **ankylostomes :** ils se trouvent plus rarement. Ils se développent surtout là où les conditions d'hygiène sont douteuses. Ils résistent peu aux vermifuges ;
- les **trichures :** ce sont de tout petits vers qui provoquent des troubles importants. Ils sont difficiles à éliminer. Le chien parasité est très maigre, bien qu'ayant bon appétit. Ses selles sont glaireuses ;
- les **vers plats :** il s'agit de *Dipylidium caninum* ou *taenia*. La puce en est

l'hôte intermédiaire, c'est-à-dire qu'elle véhicule les œufs d'un chien à un autre. L'infestation se fait par léchage.

Tout cela impose donc un calendrier de vermifugation draconien mais indispensable au bien-être de votre chien de berger catalan et de son entourage. Le chiot sera traité à 3 et 7 semaines puis régulièrement tous les mois jusqu'à 1 an, l'adulte sera ensuite vermifugé deux fois par an ou plus si nécessaire. Une femelle gestante sera vermifugée avant la saillie, au trente-cinquième jour de gestation, après la mise bas, puis deux mois plus tard. Il faut savoir qu'aucun vermifuge n'est totalement polyvalent, chacun n'étant spécifique qu'à un type de vers ; en outre l'utilisation permanente du même produit entraîne une résistance des parasites. Il est donc judicieux d'alterner les vermifuges suivant l'avis de votre vétérinaire qui saura vous conseiller en fonction des parasites suspectés.

Les parasites externes

On distingue différents types de parasites externes :

- les **puces :** bien que cela soit encore souvent ressenti comme quelque chose de honteux, il est indéniable que les chiens souffrent fréquemment de piqûres de puces. Malgré une hygiène scrupuleuse, nous ne sommes jamais à l'abri d'une invasion de ces charmantes petites bêtes. Il faut savoir que la puce ne reste sur le chien que le temps de le piquer pour se nourrir ; elle vit donc surtout dans son environnement (panier, fauteuils, parquets, tapis, meubles...), ce qui explique qu'il soit si difficile de s'en débarrasser. De plus, elles deviennent de plus en plus résistantes à tous les produits employés (colliers, aérosols, poudre...).

La prévention consiste à surveiller l'animal et à le poudrer régulièrement ainsi que son habitat. Il existe actuellement sur le marché des antiparasitaires à mélanger à la nourriture, ce qui est d'un emploi plus pratique. En cas d'invasion massive, lavez le chien avec un shampooing antiparasitaire et, en même temps, effectuez un traitement des pièces où il vit à l'aide d'un produit spécifique émettant un brouillard insecticide, aux conditions expresses de vider le logement de tout animal, de protéger les denrées alimentaires et de changer les gamelles d'eau après les avoir lavées. Il faut penser à vermifuger son chien en présence de puces ;

- les **tiques :** elles font aussi partie des parasites externes fréquemment rencontrés chez le chien. Celui-ci les attrape au cours de promenades en forêt ou dans l'herbe assez haute. Outre la démangeaison provoquée, certaines tiques transmettent une maladie grave : la *piroplasmose*. Les symptômes essentiels de la piroplasmose sont l'abattement, l'anorexie, l'anémie (les muqueuses sont de couleur blanc nacré) et les urines foncées. Au retour de promenade, il suffit de bien examiner son chien et de le brosser. Pour retirer une tique, il faudra d'abord l'endormir avec un peu d'éther sur un coton, attendre une demi-heure et tirer d'un coup sec afin de ne pas laisser la tête dans la peau du chien ;

- les **aoûtats :** comme leur nom l'indique, ils sont présents au mois d'août. De toute petite taille, d'une couleur brun orange, on les retrouve souvent entre les doigts de pied, sur le ventre et l'intérieur des cuisses. Ils gênent le chien par les démangeaisons provoquées.

Consultez votre vétérinaire pour tout traitement ;

- la **cheylétiellose :** c'est une dermatose parasitaire de plus en plus fréquente surtout sur les jeunes chiots. Elle se caractérise cliniquement par des pellicules localisées à la région supérieure dorsolombaire du corps. Des dépilations peuvent apparaître sur les zones de grattage en cours d'évolution. La maladie est très contagieuse aussi bien pour les autres animaux que pour l'homme.

Consultez votre vétérinaire pour un traitement adéquat.

La dysplasie coxo-fémorale

Certaines races sont plus prédisposées que d'autres. Il s'agit d'une malformation de l'articulation de la hanche.

Les causes semblent être liées à plusieurs facteurs. Elles seraient en partie héréditaires mais les diverses expérimentations faites à ce propos n'ont pas encore mis en évidence le mécanisme de transmission qui pourrait être utile dans les tentatives de prévention.

Une partie des chercheurs qui se sont intéressés à ce problème affirment qu'elle dépend d'un ensemble de gènes ou de fractions de gènes, répartis sur plusieurs chromosomes. L'influence du mode d'élevage en période de croissance interviendra pour une bonne partie dans son développement. La nourriture du chiot, son exercice physique et sa vitesse de croissance seront capitaux durant sa première année.

Un chiot ne naît pas dysplasique, il le devient.

Les vétérinaires et lecteurs officiels analysent les radiographies afin de déterminer d'une façon précise l'état des hanches. Ils calculent l'angle de Norberg-Olson formé de l'axe horizontal reliant les têtes fémorales et des axes verticaux touchant les pointes des acétabules. Un angle supérieur à 105° est nécessaire pour que le chien soit exempt de dysplasie. Le cliché doit être fait sous anesthésie générale pour permettre un relâchement musculaire total et un positionnement correct (dorso-vertébral) de l'animal.

Un chien peut présenter une bonne démarche tout en étant atteint, ce qui pose un problème de détection. Aucun être humain ne possédant des rayons X à la place des yeux, seules les radiographies effectuées par votre vétérinaire assureront un dépistage réel. Il faut ensuite faire officialiser ce cliché en le faisant lire par le lecteur officiel du club de race afin que les résultats apparaissent sur les certificats de naissance des descendants. Nous conseillons vivement à tous, éleveurs ou simples particuliers, de faire pratiquer cet examen aux animaux destinés à la reproduction. Il n'existe malheureusement aucune sanction ou interdiction de reproduire avec des sujets dysplastiques même atteints fortement. Il est tout de même plus judicieux de choisir des étalons et des lices indemnes de cette dysplasie.

La reproduction et la mise bas

Il n'est pas utile de posséder une foule de géniteurs car c'est une action discrète, ingrate, de longue haleine, avec un suivi à vie et silencieux de tous les sujets nés dans son élevage afin d'acquérir une vue précise de l'ensemble des résultats et d'orienter son travail en conséquence. C'est un labeur rigoureux où l'on ne peut parvenir au sommet sans éliminer le mauvais. Souvent ce type d'élevage marque la destinée d'une race sans pour autant produire de champions dans les premières générations.

L'éleveur sérieux cherche à retrouver certaines qualités présentes chez un reproducteur et à stabiliser ces mêmes qualités dans la descendance : ici, la mère et sa fille

Croyances et superstitions

On obtient un plus grand prestige si l'on est l'heureux propriétaire d'un étalon reconnu plutôt que d'une superbe femelle reproductrice ! L'idée fausse selon laquelle le mâle prédomine dans le résultat de l'accouplement reste toujours bien ancrée dans les esprits. Si tel était le cas, expliquez-moi pourquoi l'âne et la jument donnent le mulet alors que le cheval et l'ânesse produisent le bardot, ce dernier ressemblant à l'âne ? Voici pourquoi il faut parler de Gregor Mendel et de ses résultats d'expériences de botaniste sur l'hybridation des plantes et l'hérédité des végétaux.

La vie débute par l'union de deux cellules : une femelle et une mâle. Pour le chien, chaque cellule comprend dans son noyau soixante-dix-huit paires d'éléments appelés chromosomes. On trouve des centaines de gènes sur ces chromosomes occupant une place précise et se nommant locus. Lors de l'union de deux cellules, les gènes ne se mélangent pas comme dans un cocktail. La nouvelle cellule va se former par division au terme d'une maturation, elle commencera ainsi sa vie avec pour tout bagage la moitié des chromosomes paternels et la moitié des chromosomes maternels.

Le nombre de combinaisons possibles est estimé à 549 755 813 888. C'est pourquoi le frère du champion n'a qu'une chance infime de posséder les mêmes gènes (même si extérieurement, ils présentent les mêmes qualités et que le courant sanguin est identique). Ces deux étalons ne donneront nullement le même résultat accouplés avec la même femelle.

Une autre croyance répandue veut que l'on marie les extrêmes afin d'obtenir une moyenne, par exemple en alliant une femelle de 58 cm et un mâle de 70 cm, une femelle nerveuse et un mâle calme, une femelle trop marquée en blanc et un mâle pas assez. Ne croyez pas que cela soit aussi simple. N'oublions pas que la cellule de départ contient la moitié du patrimoine génétique paternel et maternel. De ce fait, on retrouvera des descendants du type paternel, d'autres du type maternel ; on peut aussi trouver des sujets tout à fait différents.

Pourquoi la reproduction ?

Le désir de faire faire des chiots à sa chienne au moins une fois dans sa vie est tout à fait compréhensible. Par ailleurs, affirmer que la reproduction n'est pas utile au bien-être du chien est tout aussi anthropomorphique que d'affirmer le contraire. Avoir une fois une portée de chiots demande un minimum de notion d'élevage. Certains éleveurs produisent du chien comme d'autres produisent du lapin, uniquement par intérêt, usant de titres de champions connus et reconnus afin d'aligner leur palmarès sur leur publicité car cela fait vendre. En revanche, d'autres éleveurs, sans titres glorieux, excelleront dans l'élevage avec pour seul but la sélection du caractère, la recherche d'un type ou bien d'une construction précise, en somme ils feront progresser la race. Malheureusement dans ce dernier cas, aucun bénéfice pécuniaire n'est envisageable ; en revanche la satisfaction personnelle obtenue est immense.

Les lignées

L'éleveur sérieux se fixe un but, il sait ce qu'il recherche et ne veut pas arrondir ses fins de mois. Il ne fabrique pas un cocktail entre deux reproducteurs juste pour voir ce que cela peut donner !

Il va tenter :
- de retrouver certaines qualités présentes chez un reproducteur ;
- de stabiliser ces qualités dans la descendance ;
- d'éliminer certains caractères particuliers non désirables.

Il existe trois modes d'élevage :
- l'*inbreeding* (consanguinité plus ou moins étroite) ;
- l'*outcrossing* (mariage sans ascendants communs).
- le *linebreeding* (croisement d'animaux avec plusieurs ascendants communs).

Appareil génital de la chienne

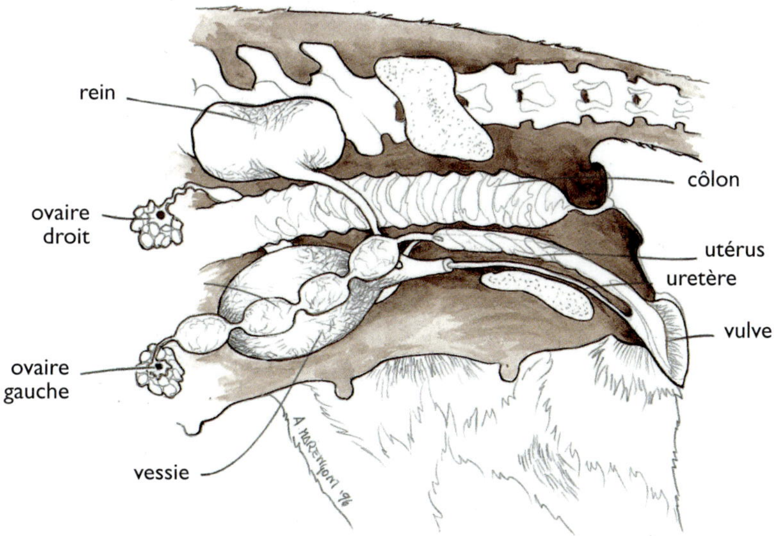

Appareil génital du chien

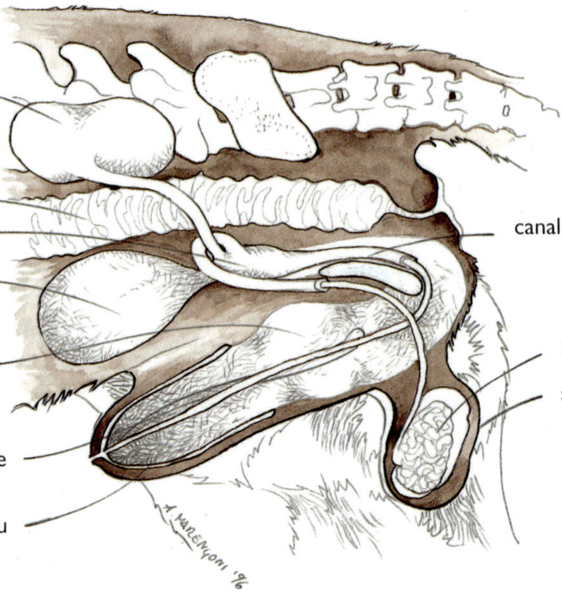

L'inbreeding

Ce mode de reproduction est très difficile d'emploi. On utilise des sujets de même famille, le père et la fille, le frère et la sœur... La consanguinité froisse certaines idées reçues, elle fait peur et est synonyme de dégénérescence de la race. Elle est pourtant à la base de toute création de lignée stable pour les animaux d'élevage. Il est conseillé tout de même d'utiliser ce procédé avec deux reproducteurs de grande qualité. Dans un élevage de poules ou de moutons, la consanguinité arrive fréquemment sans que l'on obtienne de signes de dégénérescence. En liberté, le cerf ou le chamois ne reconnaît pas ses descendants et s'accouple avec ses derniers. La consanguinité ne crée pas de nouvelles tares mais elle ne fait qu'extérioriser plus vite les qualités et les défauts des deux géniteurs. Elle additionne les qualités et multiplie les défauts. Elle permet de fixer un ou plusieurs gènes mais aussi de s'en débarrasser.

Après un mariage en consanguinité, il ne faudrait sacrifier aucun chiot afin de pouvoir déceler, pendant la croissance, une tare non visible à la naissance. De plus il serait intéressant de se garder un sujet pour soi-même.

L'*inbreeding* est rarement employé. On peut pratiquer de temps en temps un *inbreeding* ponctuel avec deux géniteurs apparentés mais ne pas prolonger celui-ci sur leurs descendants. Le véritable *inbreeding* qui crée des souches particulières est un travail qui n'est pas à la portée de l'éleveur « amateur » car il faut du temps, de la patience, de la persévérance et un porte-monnaie à toute épreuve.

L'OUTCROSSING

C'est le contraire de l'*inbreeding* : on accouple deux géniteurs n'ayant aucun lien de parenté en se disant, on verra bien ! C'est un peu une loterie, les résultats sont bons en première génération avec une race homogène (ce qui n'est malheureusement pas encore le cas du chien de berger catalan). C'est la surprise complète à chaque mise bas. S'il y a eu par le passé un travail de sélection, on remet ce dernier en jeu. Une race hétérogène restera de ce fait de même type et on n'avancera nullement vers l'homogénéité.

LE LINEBREEDING

Cette méthode utilise une consanguinité plus ou moins étroite. Elle est plus

Seul un travail de recherche peut aider les éleveurs à progresser dans l'amélioration d'une race.

facilement employée que l'*inbreeding* mais à moindre risque. C'est une façon de chercher à fixer quelques caractères spécifiques. On procède alors au mariage entre cousins et demi-frère et demi-sœur. De plus, suivant le degré de parenté, quelquefois aucune trace de consanguinité n'apparaît sur le certificat de naissance. Ce dernier ne remontant qu'à trois générations, une recherche généalogique peut, dans ce cas, être très enrichissante et intéressante.

Un éleveur utilisera le *linebreeding* pour éviter une consanguinité trop proche et obtenir un minimum d'homogénéité, sans aucune trace sur le pedigree afin de ne pas choquer les futurs clients. Malheureusement une recherche généalogique s'avère longue et fastidieuse et peu d'éleveurs l'entreprennent. Il ne suffit pas en effet d'aligner des noms et de noircir une feuille car, pour qu'une étude de ce type porte ses fruits, il faut connaître les défauts et les qualités des ascendants présents sur cette feuille.

Il n'y a qu'un travail de recherche qui puisse aider les éleveurs à progresser dans l'amélioration d'une race car sur le certificat de naissance, rappelons-le, seules trois générations sont inscrites.

Les chaleurs

Les chaleurs d'une femelle sont très variables. En théorie, celles-ci ont lieu tous les six mois mais des cycles irréguliers doivent être signalés au vétérinaire. Cette période dure environ vingt et un jours.

Le pré-œstrus

C'est la première phase et elle dure une dizaine de jours. La chienne a des pertes séro-sanguines plus ou moins foncées, sa vulve se congestionne. Son humeur change et un mâle essaiera quelques approches en la flairant et en la suivant. Selon le caractère de la femelle, elle le repoussera avec agressivité ou elle fera mine de l'accepter pour mieux le rejeter ensuite. Puis elle jouera et urinera fréquemment et se léchera plus souvent que d'habitude. Ses pertes de sang signalent le processus d'ovulation.

L'œstrus

C'est la phase la plus importante et le meilleur moment pour la saillie. Elle ne dure que quelques jours, entre le neuvième et le quatorzième ou seizième jour, suivant les femelles. Il est important de savoir que la longévité des ovules est de deux à quarante-huit heures. Les écoulements deviennent plus clairs et moins abondants durant cette période. Il est conseillé d'effectuer au moins deux saillies à vingt-quatre heures d'intervalle. L'éleveur chevronné connaît parfaitement sa chienne et devine à son comportement quel est le bon jour pour une femelle multipare (qui a déjà eu des chiots).

L'éleveur débutant aura intérêt à faire effectuer des frottis surtout dans le cas où il faut parcourir plusieurs centaines de kilomètres pour trouver l'étalon. En principe la chienne est prête lorsqu'en lui touchant la vulve, elle plaque sa queue le long de sa cuisse, quelquefois en piétinant sur place. Attention ! ceci n'est qu'une généralité, tout éleveur confirmé pourra vous parler de nombreuses exceptions !
Certaines femelles se laisseront saillir du premier au dernier jour des chaleurs alors que d'autres ne se présenteront qu'un seul jour et refuseront le mâle ensuite. Tout est fonction du cadre de vie de l'animal qu'il soit mâle ou femelle ! Le comportement de l'animal sera totalement influencé par une vie en chenil ou en box, loin du maître, ou une vie familiale chaleureuse pleine de contacts affectifs. L'éleveur distrait pourra se retrouver avec une portée comportant des bâtards s'il ne surveille pas sa chienne car elle peut être saillie par un autre étalon d'une autre race puisque la durée d'ovulation permet des saillies fécondantes avec des mâles différents.

Chienne de berger catalan âgée de 14 ans

Le métœstrus

C'est la dernière phase des chaleurs, la vulve se décongestionne, les écoulements peuvent redevenir foncés puis cessent peu à peu. Ensuite la chienne est en phase d'anœstrus ou période de repos sexuel.

Le mâle

Le mâle peut s'accoupler toute l'année car il ne connaît pas de périodes de chaleurs. Il atteint sa maturité sexuelle vers 8 à 10 mois et peut donc reproduire à cet âge mais il est préférable d'attendre l'âge de la confirmation. Un mâle peut sentir l'odeur d'une femelle en chaleur à trois kilomètres suivant le sens du vent. Si par malheur l'on met plusieurs mâles en présence d'une femelle prête, il s'ensuivra une bagarre générale et sérieuse.
Beaucoup de particuliers seront fiers que leur mâle reproduise.

Pour reproduire, il est préférable que le mâle atteigne l'âge de la confirmation.

Il faut donc non seulement que l'étalon ait obtenu quelques résultats en exposition mais, de plus, qu'il arrive à mener à terme sa carrière de reproducteur.

L'ACCOUPLEMENT

Il ne faut pas être étonné par l'attitude délirante de certaines chiennes à ce moment-là ! Ce ne sont pas des automates et leur sexualité n'est pas aussi mécanique et automatique que l'on pourrait croire. Quelques femelles auront choisi leur partenaire bien avant vous. En l'occurrence le chien du voisin (un superbe cocktail d'amour pour ne pas dire un bâtard) à qui elle voudra rester fidèle toute sa vie, et elle refusera obstinément l'étalon primé que vous lui présenterez. D'autres ne supporteront pas votre présence, voulant faire cela dans l'intimité. Certaines d'entre elles mettront le mâle sur le gril en l'aguichant au maximum mais ne se laisseront faire qu'au moment où elles l'auront décidé. En revanche, quelques-unes consentiront rien que pour vous plaire... Il serait possible de réaliser un livre à ce sujet rempli d'anecdotes d'éleveurs chevronnés.

Lorsque l'accouplement se fait tout seul, librement, parce que vous possédez un mâle ou qu'un superbe clochard canin s'en charge, les choses se passent sans problèmes et souvent mieux qu'on ne pourrait l'espérer. Tout change et se complique lorsque vous décidez d'emmener « mademoiselle » vers l'étalon de votre choix qui, bien sûr, habite assez loin.

Si les frottis vaginaux prouvent que la chienne est au meilleur jour, n'attendez pas. En arrivant chez les propriétaires de l'étalon, laissez votre femelle se détendre un peu et vider sa vessie avant de lui présenter son futur compagnon. Il est souhaitable que la saillie se déroule à l'extérieur, sur un terrain clos, afin que les deux tourtereaux ne s'éloignent pas trop.

Prenez garde à une possible réaction agressive de la part de la chienne au moment des présentations car si le

mâle est souvent sollicité pour des saillies, il sera tout de suite entreprenant et pourra de ce fait surprendre la lice.
Parfois il arrive que certains mâles veuillent s'assurer d'une soumission immédiate de la femelle par une brève agression d'entrée de jeu. Malgré tout, un certain nombre de chiennes refuseront n'importe quel partenaire, même muselées. Mais dans la plupart des cas, si la femelle est prête, la saillie s'effectuera dans la demi-heure suivant les présentations.
S'il ne se passe rien durant ce laps de temps, séparez les deux partenaires pendant une heure ou deux afin qu'ils se reposent. En principe, à la deuxième tentative, vous aurez plus de chance de réussite sauf dans le cas de chiennes peureuses ou anxieuses où plusieurs essais seront nécessaires.
Assurez-vous que le jour soit optimal pour la saillie.
Un jeune étalon aura besoin d'être guidé.
Après les jeux et le léchage, la chienne se présente, dégage sa queue et le mâle la monte. À ce stade, tout est encore en jeu car ce n'est qu'après la pénétration que les bulbes érectiles du pénis gonflent afin d'assurer le verrouillage. Certaines chiennes cherchent alors à se dégager, il faudra les tenir fermement. On ne doit pas séparer deux chiens pendant l'accouplement car le mâle possède un os à l'intérieur du pénis qui peut se fracturer, compromettant sa carrière de reproducteur. L'émission de sperme se fractionne en trois étapes, la deuxième étant celle qui contient les spermatozoïdes, soit environ un milliard et demi. La saillie dure de cinq à cinquante-cinq minutes.
Pour le néophyte, il est utile de savoir que la position tête-bêche adoptée par le couple est tout à fait normale. Après le verrouillage, le mâle va poser ses pattes avant au sol à côté de la femelle. S'il descend sur la droite, sa patte et sa cuisse gauche vont passer par-dessus la chienne, il sera en équilibre sur sa patte arrière droite. S'il est novice, son aplomb sera précaire et il est souhaitable de l'aider délicatement. Cette position plutôt particulière est tout simplement due à l'anatomie du mâle.
Lorsque la saillie est terminée, chaque partenaire va se nettoyer. Ne vous

UNE PRÉCAUTION À PRENDRE

N'oubliez pas que, durant toutes ses chaleurs, vous devrez surveiller la lice afin d'éviter un accident avec un autre partenaire. Méfiez-vous des ressources d'ingéniosité et de malice de votre femelle.
Après une journée de voiture et une saillie réussie avec l'étalon choisi, le premier corniaud de passage peut anéantir tous vos projets. Au besoin, enfermez votre chienne nuit et jour jusqu'à la fin de ses chaleurs.

inquiétez pas de voir les organes génitaux du mâle hors du fourreau ; après quelques minutes ils se remettent en place. Maintenez la femelle au calme et évitez qu'elle n'urine immédiatement après l'acte sexuel.

La fécondation artificielle

Elle est d'usage courant chez les bovins, porcins, ovins... La fécondation artificielle consiste à prélever le sperme du mâle et à l'introduire au fond du vagin de la femelle.

On peut utiliser de la semence fraîche ou congelée (sa conservation dans ce cas est illimitée). L'école vétérinaire de Maisons-Alfort est le seul centre en France habilité à la collecter et à la conserver.

Cette méthode est utilisée de plus en plus fréquemment en France et permet de féconder une chienne se trouvant à des centaines de kilomètres de l'étalon. La liste des praticiens autorisés est communiquée sur simple appel téléphonique par l'école vétérinaire. La lice et l'étalon doivent être suivis par un de ces praticiens. L'un d'eux effectuera le prélèvement de sperme frais et non congelé. Il l'enverra par coursier à son confrère qui inséminera la femelle.

Il est possible d'obtenir de la semence de Grande-Bretagne.

Les raisons qui incitent à l'utilisation du sperme congelé sont nombreuses :

- disposer dans le temps de sperme appartenant à des sujets de qualité, connus et reconnus, qui ont déjà reproduit avec succès ;
- développer l'éventail génétique afin d'utiliser un plus grand nombre d'étalons différents ;
- utiliser le sperme de sujets décédés ;
- obtenir la fécondation de femelles ne pouvant se reproduire de façon naturelle.

On a tendance à recourir à la fécondation artificielle lorsque la saillie naturelle ne s'effectue pas.

N'oublions pas que ce peut être d'origine génétique. Aussi pour éviter une sélection négative et propager ce défaut, un éleveur doit rester prudent et ne pas abuser de cette technique sur des sujets incapables de se reproduire naturellement.

La gestation

La durée de la gestation est de cinquante-huit à soixante-cinq jours. Il est difficile de déterminer le jour exact d'ovulation et donc de connaître la date précise de la mise bas. Nous pouvons faire une échographie à partir du vingt et unième jour ou une radiographie à partir du quarante-cinquième jour.

Attention ! le vétérinaire ne pourra pas vous donner le nombre exact de chiots après ces examens.

Le développement embryonnaire des chiots est assez lent pendant les premières semaines de gestation, il s'accroît plus rapidement les trois dernières semaines. Le nombre de fœtus variera selon l'âge de la mère, le nombre d'ovules fécondés, la qualité du sperme du mâle... Chaque chiot est entouré d'un placenta, relié à l'utérus et qui sera mangé par la mère lors de la mise bas. Le gonflement du ventre se voit assez tardivement chez la chienne, seulement vers la cinquième ou sixième semaine, et peut varier de 20 à 55 %.

On constatera par ailleurs une légère augmentation du volume des mamelles et l'apparition des premières gouttes d'un liquide séreux. Ce n'est pas du lait mais du colostrum.

La mise bas ou parturition

La femelle qui va mettre bas est plutôt agitée. Si elle est très attachée à son maître, elle le cherchera constamment. Elle voudra faire son nid, tournera en rond et grattera le sol. Il ne faut pas la laisser seule, surtout la première fois.

En principe, elle refuse toute nourriture vingt-quatre heures avant la mise bas (il y a quand même quelques exceptions) et sa température descend en dessous de 37°C. Je vous conseille de prendre sa température trois fois par jour à partir du cinquante-huitième

Les chiots doivent avoir très vite des contacts réguliers avec les humains.

donner à boire toutes les deux heures trente en utilisant des tétines et biberons pour nourrissons. La température ambiante sera de 25 °C car les chiots séparés de leur mère se refroidissent très vite.
Après chaque biberon, il faut impérativement masser les petits ventres afin de stimuler l'excrétion des déjections. Dans le cas d'un allaitement naturel, les chiots boivent peu à la fois mais plus fréquemment. En cas d'allaitement artificiel, on donnera à volonté en commençant par 20 millilitres les premiers jours. La température idéale du lait sera de 30°C. Vers 15 jours, on peut essayer de donner le lait dans une écuelle, le fait de laper est un préliminaire au sevrage.

Chiot de berger catalan

La grossesse nerveuse

Cette pathologie peut survenir chez une chienne normale qui connaît un déséquilibre hormonal passager dû à une production élevée de progestérone. Les symptômes se manifestent deux mois après les dernières chaleurs et la chienne se prend d'affection pour un jouet, une chaussure ou tout autre objet qu'elle materne et promène partout avec douceur comme un bébé.
Si votre chienne présente ces symptômes, la première chose à faire est une diète de vingt-quatre heures en même temps qu'un changement radical de vie pendant deux jours ; par exemple en l'amenant chez un voisin, en la faisant coucher au garage si elle n'en a pas l'habitude... Le stress engendré peut à lui seul arrêter le processus : ne la plaignez surtout pas. En cas d'échec, consultez votre vétérinaire. Les grossesses nerveuses à répétition sembleraient favoriser les cancers mammaires.

L'élevage du chien de berger catalan

Lorsque l'on se lance dans la grande aventure qu'est l'élevage, on ne peut malheureusement pas bénéficier de l'expérience de certains éleveurs peu désireux de partager leur savoir. Pour ma part, je souhaite aider ceux qui veulent se lancer dans l'aventure et sont prêts à y consacrer leur vie car c'est un travail de longue haleine. Ils devront être accompagnés d'un partenaire partageant leur passion, consentant des sacrifices multiples, en particulier financiers... Ils devront savoir que les mots vacances ou grasse matinée ne feront plus partie de leur vocabulaire et qu'il n'est pas question de compter ses heures de travail. En effet, vous êtes nuit et jour à la disposition de vos compagnons à quatre pattes qui vous le rendent bien d'ailleurs ! Il ne faut donc pas voir seulement le côté financier ou la joie du succès lorsqu'un de vos sujets gagne la suprême récompense le jour du championnat. Cette journée sera bien trop courte au regard des heures de travail qu'elle aura nécessitées. Vous ne ferez pas fortune dans cette profession qui doit surtout et avant tout être une vocation.
Mais vous vivrez une merveilleuse histoire avec vos compagnons qui sauront vous prouver leur reconnaissance, sentiment devenu rare chez l'être humain !

ÉLEVEUR OU MARCHAND DE CHIENS ?

Ce sont deux choses totalement différentes. Si vous vous êtes fixé le but de gagner beaucoup d'argent, choisissez plutôt l'activité de marchand de chiens. Ce soi-disant « éleveur » est une personne sans scrupules et sans aucun sentiment. Son but : produire un maximum pour vendre ou, le plus souvent, revendre un maximum de chiots souvent trop jeunes, les prix étant fixés « à la tête du client ». Malheureusement les chiennes de ces élevages seront utilisées tant qu'elles seront « rentables », puis revendues, lorsque ce n'est pas euthanasiées. Pas de vieux chiens inactifs, on ne connaît pas la philanthropie ! L'acheteur redevient un inconnu dès que le chiot est vendu, surtout si celui-ci est de piètre qualité. Le véritable éleveur prend le temps de sélectionner ses reproducteurs avec beaucoup de soin et de recherche (caractère, construction typique, généalogie...). Ses femelles ne reproduisent qu'une fois dans l'année, il élève un nombre limité de chiots qu'il bichonne et soigne consciencieuse-

Pas question de compter ses heures de travail lorsqu'on se lance dans l'élevage !

ment. Il va même jusqu'à « sélectionner » les futurs acquéreurs afin de placer au mieux les produits de tant d'amour et de travail. Les prix de vente sont faits alors d'après la valeur réelle des chiots dont la croissance sera suivie de près car il reste à la disposition des clients pour tous les conseils ultérieurs à la vente.

S'il reçoit une demande de chiots, il n'hésite pas à communiquer l'adresse d'un confrère sérieux ou, éventuellement, les coordonnées du délégué régional du club de race.

Mais en aucun cas il ne revend un chiot ne lui appartenant pas ni ne demande une commission sur une vente faite par son intermédiaire, ce qui malheureusement se rencontre couramment ailleurs.

Lorsque je reçois une demande de chiots, j'essaie de rendre service tant à l'acheteur qu'à l'éleveur et je refuse l'idée de recevoir quoi que ce soit en échange de ce geste.

En ce qui concerne l'aspect financier, l'éleveur pourra s'estimer heureux lorsque ses dépenses et ses recettes seront équilibrées. On ne fait pas fortune en pratiquant un élevage sérieux puisque les bonnes portées ne feront que compenser les moins bonnes car, dans ce dernier cas, les factures des vétérinaires sont parfois si importantes qu'elles font cesser l'activité d'un éleveur débutant.

Droits et devoirs de l'éleveur

Lorsque nous avons une portée, il est de notre devoir de soigner les chiots au mieux pour en faire des adultes bien dans leur tête et dans leurs poils.
Mais les obligations d'un éleveur sérieux ne s'arrêtent pas à la vente du chiot. En effet, les deux parties signataires d'un contrat sont tenues d'en respecter les termes. L'acheteur, comme le vendeur, a des droits et des obligations dont il faut être conscient avant de se lancer dans l'aventure de l'élevage.
Vous devez savoir que la loi associe le chien à un meuble, donc à une chose. Les articles cités mentionnant le mot « chose » ne doivent par conséquent pas vous choquer.
Tout d'abord, d'après **l'article 1582 du Code civil** « la vente est une convention par laquelle l'un s'oblige à livrer une chose et l'autre à la payer ». Ce qui entraîne au premier rang le problème des acomptes ou des arrhes que l'on demande souvent au client lors de la réservation d'un chiot. Les arrhes ne représentent qu'une réservation provisoire, chaque partie pouvant se rétracter ; en revanche, un acompte représente le premier versement du prix convenu.

Le véritable éleveur sélectionne ses reproducteurs avec soin et recherche, quelle que soit la race.

Il engage donc fermement les deux parties : le vendeur peut obliger l'acheteur qui s'est rétracté à payer le chiot et, de son côté, il est tenu de livrer le chiot.
Les seules rétractations possibles ne peuvent se faire qu'en signant un nouveau contrat redéfinissant de nouvelles bases d'accord.
Il s'agit donc d'être très prudent et de bien stipuler sur le bon de commande du client si vous lui demandez des arrhes ou un acompte.
En outre, il vous faut connaître **l'article 1641 du Code civil** selon lequel

Affixe ou préfixe ?

L'affixe sera le nom de votre élevage. Tous les chiots que vous produirez porteront ce nom que vous aurez choisi. Il représente une marque, un signe de reconnaissance, votre signature et une manière de reconnaître votre sélection ou votre production. L'affixe est le plus souvent utilisé. Il suit le nom de baptême du chiot. Par exemple pour Candela de Casa Alegre, « Candela » représente le prénom du chien et « de Casa Alegre » l'affixe de l'élevage de sa provenance.
Le préfixe est beaucoup moins employé car peu connu. Dans ce cas, il précède le nom de baptême du chien. Par exemple dans El Jarral Nacor, « El Jarral » représente le nom de l'élevage et « Nacor » le prénom du chien.

Les formalités pour l'obtention de votre affixe ou préfixe sont les suivantes :
– demande par courrier au club de race officiel affilié à la SCC ;
– demande par courrier d'un dossier d'affixe ou de préfixe à la SCC à Paris ;
– paiement d'une somme d'argent pour l'obtention définitive.
Vous pourrez proposer quatre noms que la SCC communiquera à la Fédération cynologique internationale (FCI). Cette dernière vérifiera si le premier nom proposé est déjà utilisé en Europe. Si c'est le cas elle vérifiera votre deuxième proposition et ainsi de suite. Après accord du club de race, votre affixe ou préfixe vous sera concédé à vie et servira à identifier votre production quelles que soient les races de chiots produites (l'adhésion à chaque club de race n'est pas obligatoire mais souhaitable par respect déontologique). Il vous sera attribué un numéro d'éleveur qui devra figurer dans toutes vos correspondances avec la SCC.
L'affixe ou le préfixe ne peut vous être retiré que pour fautes graves envers les règlements de la cynologie.

tout vendeur est tenu à une garantie des vices cachés de la chose vendue qui la rendent impropre à l'usage auquel on la destine.
L'**article 1642 du Code civil** précise qu'il n'y a pas de garanties pour les vices apparents dont l'acheteur a connaissance.
L'**article 1644 du Code civil** précise qu'en cas de vices cachés l'acheteur a le droit de rendre la chose (en l'occurrence le chien) et de se faire restituer le prix, ou de garder la chose et de se faire rendre une partie du prix telle qu'elle sera définie à l'amiable ou par expert. En revanche, aucune action en garantie ne saurait être introduite si l'acheteur a libéré le vendeur de toute garantie par écrit, de façon manuscrite. Mais cela entraîne en contrepartie une baisse importante du prix de vente. Ainsi si vous vendez un chiot Berger catalan présentant des défauts de couleur, il sera noté sur le certificat de

Pampa du Vanil des Artses (8 ans) :
Champion international de Beauté,
Champion du Luxembourg
et Champion de France

vente « chien de compagnie » ; le prix demandé pour ce chiot sera bien inférieur au prix d'un chiot correctement marqué mais l'acheteur ne pourra se retourner contre vous s'il présente tout de même son chien en confirmation et obtient un refus. En revanche, si le chiot est confirmable et refusé à la confirmation, l'acheteur aura le droit de vous demander de lui restituer une partie du prix d'achat.

Enfin, la **loi Nallet de juin 1989** a instauré six vices rédhibitoires : trois concernant des maladies contagieuses (maladie de Carré, hépatite de Rubarth, parvovirose) et trois concernant des maladies dont la cause est réputée antérieure à la vente (dysplasie coxo-fémorale, ectopie testiculaire pour les chiots de plus de 6 mois, atrophie rétinienne). L'acheteur a trente jours pour intenter une action en garantie à compter du jour de livraison mais les délais de diagnostics sont différents suivant les vices : cinq jours pour la parvovirose, six jours pour l'hépatite, huit jours pour la maladie de Carré.

En ce qui concerne la dysplasie coxo-fémorale, les examens effectués durant la première année du chien sont pris en compte, et le délai est de un mois après la découverte de l'affection. Pour

Les obligations d'un éleveur sérieux
ne s'arrêtent pas à la vente du chiot.

L'éleveur doit mettre toutes les chances de son côté afin de satisfaire ses acheteurs.

l'ectopie testiculaire, l'acheteur doit agir après le sixième mois du chiot, et à tout moment pour l'atrophie rétinienne. D'où l'importance de bien noter la date de livraison sur le contrat de vente.

L'acheteur pourra se retourner contre vous s'il peut apporter la preuve que le vice dont est atteint son chien est antérieur à la vente mais il doit agir à brefs délais. Nous nous rendons compte que la loi est très dure vis-à-vis des éleveurs et que nous devons vendre des chiots parfaits ; or personne ne peut présumer de l'avenir et prédire ce que deviendra un chiot de 2 mois. Un éleveur sérieux choisit ses reproducteurs et met toutes les chances de son côté afin de satisfaire ses acheteurs. Mais l'animal est un être vivant qui ne grandit pas toujours comme nous l'espérons et c'est justement en cas de problèmes que nous devons faire face à nos responsabilités et prouver notre compétence.

La banque d'information de la SCC

Elle a été créée en 1982 avec l'approbation du ministère de l'Agriculture afin de dynamiser le « marché » du chien. Les acquéreurs potentiels contactant la SCC à Paris recevront gratuitement la liste des portées disponibles âgées de moins de 6 mois, déclarées nées dans leur département et dans les départements limitrophes. Cette information était auparavant limitée à dix-sept demandes ; depuis juin 1995 elle est illimitée. Les éleveurs ont la possibilité d'adhérer à la banque d'information par un abonnement d'un an au titre onéreux de 16 euros quel que soit le nombre de portées. Afin de pouvoir contacter les acquéreurs potentiels, un récapitulatif des demandes est adressé quotidiennement aux éleveurs concernés.

Tout éleveur sérieux remet un carnet de vaccination à l'acquéreur du chien.

Il est à rappeler toutefois que l'éleveur a la possibilité de s'opposer sur le formulaire de déclaration de saillie et de naissance à la communication des informations relatives à la portée.
Il est demandé à l'éleveur d'informer sans délai la SCC lorsque la portée n'est plus disponible afin d'éviter des appels inutiles et gênants autant pour l'acquéreur potentiel que pour l'éleveur.
Personnellement, lorsque je reçois une demande de chiots alors que je n'en possède aucun de disponible, je conseille aux futurs acquéreurs de contacter la SCC.

Quels documents doit remettre le vendeur ?

- L'**attestation de vente** mentionne obligatoirement : la date de la vente et de la livraison, l'identité de l'animal, le prix de vente, le nom et l'adresse du ou des vétérinaires des deux parties. Il devra être précisé la destination de l'animal (compagnie, exposition, reproduction, concours).
- La **carte de tatouage.**
- Le **certificat de naissance** ne sera envoyé que plus tard car une portée déclarée à la huitième semaine ne reçoit ses papiers que vers 3 mois et demi.
- Vis-à-vis de la loi, le **carnet de vaccination** n'est pas obligatoire, toutefois n'importe quel éleveur sérieux le remet lors de la vente.

Personne ne peut prédire ce que deviendra un chiot de 2 mois.

Les modalités d'inscription d'une portée au LOF

L'inscription d'une portée est à la charge du propriétaire de la femelle. Il fera naître les chiots chez lui qui porteront l'affixe de son élevage.

Si vous décidez de faire saillir votre chienne à ses prochaines chaleurs, ne perdez pas un instant et mettez-vous à la recherche d'un étalon car le chien de berger de Catalogne du voisin n'est peut-être pas le mari idéal pour votre femelle. N'hésitez pas à vous renseigner, à visiter des expositions pour voir plusieurs mâles ou à faire de nombreux kilomètres.

Dans le même temps, demandez un **certificat de saillie** à la SCC. Celui-ci sera rempli et signé par les propriétaires des deux reproducteurs après la saillie, il faudra joindre un chèque de 10 € pour l'enregistrement. Il pourra être accompagné d'un contrat dans lequel seront précisées les modalités à suivre en cas de non-gestation.

En tout état de cause, c'est la convention de Berne adoptée par la FCI les 11 et 12 juin 1979 qui sera appliquée ; elle remplace l'ancienne coutume de Monaco qui datait de 1934, notamment en ce qui concerne l'indemnisation de la saillie dont le prix sera fixé d'avance.

Si le propriétaire de l'étalon choisit de se faire remettre un chiot, il ne devra en aucun cas le revendre. Le certificat de saillie est à renvoyer dans le mois suivant la saillie même si la chienne est non gestante ou la grossesse non détectée. Votre dossier sera alors ouvert à la SCC. Vous recevrez une déclaration de naissance et de portée en deux exemplaires.

La **déclaration de naissance** est à faire parvenir à la SCC immédiatement si la chienne est vide ou dans les deux semaines suivant la naissance. Vous y inscrirez le nombre total de chiots vivants et leur date de naissance ; il faudra payer la somme de 21 € par chiot déclaré. Cette déclaration rejoindra le certificat de saillie dans le dossier de la SCC.

Le club de race français : RACP

Composition du comité

Président : M. Pécoult Alain

Vice-présidents : M. Audibert André et M. Procureur Marcel

Trésorier : Mme Treille Sylvie

Secrétaire : M. Moings Jean-Bernard

Site internet : http://www.chiens-des-pyrenees.com

Son but

La RACP (Réunion des amateurs de chiens pyrénéens) promeut et défend les quatre races pyrénéennes qui sont :

– le Berger des Pyrénées ;

– le Montagne des Pyrénées ;

– le chien de berger catalan ;

– le Mâtin des Pyrénées.

La RACP a été créée en 1923 sous la houlette de M. Bernard Sénac Lagrange, premier président et ce jusqu'en 1954, ensuite M. Duconte jusqu'en 1986 suivi par M. Mansencal, puis par M. Pécoult, toujours en place actuellement.

Le chien de berger catalan est entré au club en 1986. Le club organise chaque année, aux environs du mois d'avril, une Nationale d'Élevage, qui réunit plus de 200 participants. De nombreux pays y sont représentés. Elle organise des Spéciales de race dans différentes expositions, ainsi que des Régionales d'Élevage, un peu partout en France. Elle édite une revue trimestrielle, relatant diverses informations, des articles, conseils et photos sur les quatre races. Il existe des clubs de race dans d'autres pays.

• *Espagne* :

président : Bartra Gaspar ;

vice-président : Calendrin Gérard.

• *Finlande* :

présidente : Ketonen Laura.

• *Belgique* :

présidente : Jasica Lucienne.

La **vaccination** et le **tatouage** des chiots se font à partir de 7 semaines. Dès lors, vous remplirez la **déclaration de portée** où chaque chiot sera identifié par son prénom et son numéro de tatouage. Il est préférable de donner des prénoms différents. Au cas où deux clients choisissent le même prénom sans vouloir en changer, il faudra faire suivre celui-ci de chiffres différents (exemple : Ola 1 et Ola 2). La totalité de la portée doit être déclarée, l'écart

LOE ou RRC ?

Ce sont deux livres officiels qui sont administrés par la Real Sociedad Canina Central d'Espagne.

RRC - Registro de Razas Caninas (seulement pour les races espagnoles) : il s'agit de chiens sans origines, il faut quatre générations ensuite pour obtenir le LOE. On l'appelle gentiment en Espagne le pedigree « rose », il est actuellement fermé depuis 1992.

LOE - Livre des origines espagnol, équivalent au LOF.

éventuel avec la déclaration de naissance ne peut concerner que les chiots morts. Le propriétaire de la chienne a six mois pour inscrire ses chiots à compter de l'ouverture du dossier.

La demande d'inscription de portée comprend :

– la demande elle-même en un seul exemplaire ;
– les volets de tatouage de chaque chiot remis par votre vétérinaire ;
– le règlement de 21 € par chiot inscrit.

La SCC vous renverra, sous pli recommandé, les **certificats provisoires** dans un délai de un à trois mois. À charge

Chiot de berger catalan de profil

pour vous de les renvoyer à chaque propriétaire également en recommandé avec accusé de réception, même dans le cas de chiots non confirmables. Il est vivement conseillé de photocopier tous les documents envoyés. Dans tous les délais impartis, le cachet de la poste fait foi. Votre portée inscrite figurera dans la banque d'informations de la SCC si vous en faites la demande.

Les expositions et concours

Je vous félicite d'avoir eu la bonne idée d'acheter un chiot inscrit au Livre des origines français (LOF). Voici quelques petits conseils afin que vous soyez de plus en plus nombreux à faire confirmer votre chien de berger catalan.

Le certificat d'inscription provisoire au LOF

Même si vous êtes très fier de l'arbre généalogique de votre chien de berger catalan descendant de champions ou non, vous pouvez vous inquiéter de ne pas trouver le mot « pedigree » sur ce papier. Il n'y a aucune raison car, en fait, vous ne possédez qu'un certificat d'inscription provisoire au LOF qui démontre que votre éleveur a correctement accompli son travail administratif auprès de la SCC :
- la saillie a été déclarée dans les temps ;
- la déclaration de naissance également ;
- les chiots ont été inscrits auprès de la SCC après avoir reçu les vaccinations et les tatouages.

Soyez vigilant si vous achetez à l'étranger, vérifiez que les papiers portent bien le sigle FCI. Un chiot étranger pourra être ensuite inscrit au LOF s'il répond aux critères de la race. Il vous faudra donc, à partir du moment où il aura atteint l'âge de 12 mois, le présenter en confirmation.

La confirmation

■ Où le faire confirmer ?

Vous avez trois possibilités pour faire confirmer votre chien :
- au cours d'une exposition nationale ou internationale française sauf le championnat de France à Longchamp. Vous serez alors jugé avec les autres concurrents avant de passer à la confirmation et serez tenu de respecter les horaires de l'exposition, c'est-à-dire d'être présent de neuf heures le matin à dix-sept heures le soir ;
- lors d'une Régionale ou Nationale d'Élevage organisées par le club de race, la procédure est la même que pour une exposition mais les jugements seront souvent plus sévères ;

La confirmation est la sélection des sujets capables d'améliorer la race. Ici, chiot de 8 mois

– en revanche, si le temps vous manque ou que les expositions ne vous attirent pas, vous pouvez vous présenter à une simple séance de confirmation plus rapide puisque vous pouvez repartir dès que votre chien est passé devant le juge. Celui-ci se contentera de le déclarer apte ou non mais ne fera aucun jugement.

Pour tout renseignement sur les dates d'expositions et séances de confirmation, consultez la SCC ou la presse spécialisée, adressez-vous au club de race pour les dates de Nationales ou Régionales d'Élevage. Attention aux dates limites d'inscription (souvent de six semaines avant l'exposition).

Les confirmations au domicile d'un juge sont interdites. Seuls les cas exceptionnels seront étudiés par le club de race qui pourra éventuellement désigner un juge. Ces dérogations sont très rares et doivent être motivées.

Combien cela coûte ?

Le montant des frais d'inscription (variant entre 30 et 55 €) est fixé par la société canine organisatrice. N'oubliez pas de prendre en compte les frais d'essence, d'autoroute, de repas ou d'hébergement.

Quel est le rôle du juge ?

Lors d'une séance de confirmation, le juge vérifie que votre chien correspond bien au standard et ne présente aucun défaut éliminatoire fixé par le club de race (voir p. 31).

Contrairement à beaucoup d'idées reçues, le juge ne peut absolument pas être payé par le présentateur ou le propriétaire du chien.

Au cours d'une exposition, il mettra en concurrence plusieurs chiens pour juger de leurs qualités extérieures et effectuera un classement. Ses jugements sont sans appel et vous ne devez pas l'influencer en citant les récompenses obtenues par votre chien ou ses parents.
Toutes les tentatives de fraudes, de non-respect des règlements, d'atteinte au prestige du juge ou de la société organisatrice peuvent vous interdire temporairement ou définitivement l'accès aux expositions.

À QUOI SERT LA CONFIRMATION ?

La confirmation est la sélection des sujets capables d'améliorer la race. C'est, en fait, l'autorisation de reproduire avec inscription de la descendance au LOF, le partenaire devant lui-même être confirmé. Un chien non confirmé doit être écarté de la reproduction.

Tous les chiots issus de parents non confirmés présenteront éventuellement les apparences de la race mais n'auront aucun papier officiel et aucune valeur marchande. Malheureusement certains producteurs anéantissent le long travail de sélection réalisé par plusieurs générations d'éleveurs dignes de ce nom en produisant des chiots soi-disant de « pure race ».

VOTRE ARRIVÉE À L'EXPOSITION

À votre arrivée dans une exposition nationale ou internationale, vous devez en tout premier lieu passer au contrôle vétérinaire. Préparez le carnet de santé avec le certificat antirabique visible. Présentez votre carton d'entrée ainsi que les billets d'accompagnateurs s'il y a lieu. Dirigez-vous vers le secrétariat où vous prendrez votre catalogue dans lequel sera noté le numéro de cage correspondant à votre chien. Vous êtes prêt pour le parcours

LES PAPIERS À FOURNIR AU JUGE POUR LA CONFIRMATION

- *Le certificat de naissance ou le pedigree étranger (pas de photocopies).*
- *La carte de tatouage français. Si le chien vient d'un pays étranger, il devra obligatoirement être retatoué en France.*
- *Un formulaire d'examen de confirmation rempli et signé. Il est disponible au secrétariat de l'exposition.*
- *Uniquement pour les chiens importés, un formulaire de demande d'inscription au LOF que vous pourrez demander au secrétariat.*

du combattant, commencez la recherche ! Enfin arrivé à votre emplacement, installez-vous confortablement car la journée sera longue. Vous trouverez deux numéros sur votre cage, épinglez-en un sur votre veste de façon bien visible.
Les jugements débutent fréquemment vers dix heures mais votre juge peut commencer par une autre race, alors patience...

Comment se présenter au juge ?

C'est enfin votre tour ! Entrez dans le ring en ayant soin de vous placer dans l'ordre des numéros d'attribution. Essayez de garder votre chien debout, à l'arrêt, à côté de vous ; ne vous placez jamais entre le chien et le juge, ce n'est pas vous qui êtes examiné ! Chaque concurrent passe individuellement ; facilitez le travail du juge en lui présentant votre Berger catalan en bon état physique et « moral », c'est-à-dire que le chien doit se laisser toucher par un inconnu, doit se laisser regarder les dents ou vérifier les testicules pour les mâles.
Le chien doit rester à l'arrêt devant vous afin que le juge l'examine correctement ; demandez à un ami, en dehors du ring, d'appeler votre chien pour le mettre en éveil et corriger le port d'oreilles.
Vous devez ensuite le faire trotter, toujours à votre gauche ; ne galopez pas, ne le laissez pas tirer, car les allures doivent être souples et non saccadées. Un minimum de discipline est indispensable pour participer aux expositions. N'oubliez pas qu'ensuite tous les concurrents trottent ensemble, raccourcissez votre laisse au besoin.

Société centrale canine
155, avenue Jean-Jaurès
93535 Aubervilliers Cedex

Que faire si le chien est confirmé ?

Félicitations ! Votre chien de berger catalan est bon pour le service. Ne perdez pas un instant, photocopiez tous vos documents et envoyez les originaux à l'adresse ci-dessus.

Les documents à envoyer sont les suivants :
- le certificat de naissance ou le pedigree étranger signé par le juge ;
- les deux feuilles de l'imprimé de demande de confirmation signées par le juge ;
- le chèque du montant précisé au dos de cet imprimé ;
- pour les chiens importés, joignez également la demande d'inscription au Livre des origines français. Attention ! vous avez un délai maximum d'un an au-delà duquel tout est à recommencer.

■ Que faire si le chien n'est pas confirmé ?

Surtout ne lui en voulez pas, ce n'est pas sa faute.
Son attitude envers vous ne changera pas, il sera toujours aussi gentil et agréable et vous restera fidèle. Surtout ne le faites pas reproduire pour qu'il ne transmette pas le défaut qui l'a éliminé.
Si vous pensez que ce refus est injustifié, vous avez la possibilité de faire appel. La SCC vous indiquera la procédure à suivre. Vous serez ensuite convoqué devant trois juges confirmateurs qui vérifieront le bien-fondé du refus.

Les différents titres

Le certificat d'aptitude de conformité au standard (CACS) est donné dans les expositions nationales et les Nationales d'Élevage du club ; en revanche, le certificat d'aptitude au championnat international (CACIB) concerne les expositions internationales.

Le *Best of Breed* (BOB) est attribué au meilleur chien de sa race qui pourra monter sur le ring d'honneur.
Ensuite, les meilleurs de races seront jugés pour désigner le meilleur chien de chaque groupe, titrés *Best of Group* (BOG).
Et parmi ceux-ci, il sera attribué le titre du meilleur chien de l'exposition : le *Best in Show* (BIS).

- Pour obtenir le titre de champion de France, il faut obtenir :
  - un CACS à l'exposition de championnat de France à Longchamp ou à la Nationale d'Élevage ;
  - deux CACS en Spéciale ou Régionale organisée par le club.

En outre, il faut avoir obtenu la lettre A, B ou C à l'examen de dysplasie de la hanche et avoir passé avec succès le Test d'aptitudes naturelles (TAN).

- Pour le titre de champion international de Beauté, il faut obtenir quatre CACIB dans trois pays différents, dont un dans le pays d'origine de la race (Espagne) ou dans le pays de résidence du propriétaire. Un délai minimum de 366 jours est nécessaire entre le premier et le dernier CACIB.

La confirmation des chiens sans origines

Les chiens sans origines peuvent dans certains cas faire l'objet d'une inscription à Titre Initial au LOF. Il vous faudra l'autorisation du club de race, un exc à la nationale d'élevage et le chien présenté devra être de grande qualité. S'il réussit le test de confirmation, il ne possédera aucun ascendant sur ses papiers.

Théo du Vanil des Artses, Champion de France

Petits conseils supplémentaires

- Ne lavez pas votre chien de berger catalan la veille d'une exposition mais au moins sept jours avant.
- Rasez et nettoyez l'endroit où se trouve le tatouage.
- Frottez celui-ci avec de l'alcool pour le faire ressortir.
- Restez poli et courtois envers le juge, quelle que soit sa décision.
- Prenez soin de laisser votre Berger catalan faire ses besoins avant d'entrer sur le ring.
- Ayez un collier et une laisse corrects (ni ficelle, ni collier à pointes).
- Ayez une tenue correcte et décente (Mesdames, évitez les minijupes ou les grands décolletés).
- N'oubliez aucun papier original.
- Pensez à prendre une épingle.
- Gardez toujours votre chien en laisse.
- Même un chien non confirmé peut participer à une exposition.

LES CLASSES D'ENGAGEMENT

Classe	Âge	Compétition
Baby	4 à 6 mois	Nationale d'Élevage. Pas de classement
Puppy	6 à 9 mois	Nationale d'Élevage ou à l'étranger. Pas de classement
Très jeune	9 à 12 mois	Pas de classement. Qualificatifs très prometteur, prometteur, assez prometteur
Jeune	12 à 18 mois	Excellent, très bon, bon, assez bon, insuffisant. Ne concourt pas pour le CACS ou le CACIB
Intermédiaire		CACIB/ CAC/EXCELLENT/TRÈS BON/BON/ASSEZ BON/ INSUFFISANT
Ouverte	à partir de 15 mois	Excellent, très bon, bon, assez bon, insuffisant. Attribution du CACS ou du CACIB
Travail	à partir de 12 mois pour les chiens titulaires d'un brevet de travail reconnu par la SCC et la FCI	En concurrence avec les vainqueurs de la classe ouverte et champion pour l'attribution des CACS et CACIB
Champion	après homologation du titre	En concurrence avec les vainqueurs de la classe ouverte pour l'attribution des CACS et CACIB
Vétéran	à partir de 9 ans	– très bien conservé ; – bien conservé ; – assez bien conservé.
Vénérable	à partir de 12 ans	Nationale d'Élevage. Non classés. Qualificatifs : – très bien conservé ; – bien conservé ; – assez bien conservé.

LES TESTS DE COMPORTEMENT

L'ÂGE

Ce test est indispensable à partir de la cotation 2 points (confirmé premier choix). L'âge minimum de présentation est fixé à 12 mois. L'âge maximum est de 30 mois, avec une dérogation concernant cette limite maximale durant les deux premières années d'application du test à compter du 01/01/1998.

Les épreuves

Socialisation humaine

Le testeur, après avoir salué de la main le propriétaire du chien, manipule le chien, procédant comme dans le cas d'un examen de confirmation.

A) le chien se laisse faire tranquillement

B) il est un peu réservé

C) il évite le contact, mais sans manifester une attitude de fuite très marquée

D) il fuit le contact par tous les moyens

E) il agresse d'entrée le testeur

Socialisation visuelle

Le testeur marche à la rencontre du couple maître-chien, un parapluie à la main ; à environ 2 mètres du point de rencontre, il ouvre le parapluie de manière naturelle, vers le haut, sans chercher à provoquer le chien et en poursuivant sa progression.

Score

A	4
B	3
C	2
D	1
E	0

Évolution finale

A	8
B	6 ou 7
C	3, 4 ou 5
D	1 ou 2
E	0

Grille de cotation de la RACP

1 point confirmé

2 points confirmé 1 TB dans une expo + CANT ou TC ou CSAU + dysplasie de la hanche lecture A B ou C

3 points confirmé + identifié ADN + 1 EXC en spécial (SPE) ou R.E. ou CHPT ou N.E. + CANT ou T.C. ou CSAU ou brevet pistage ou troupeau+dysplasie de la hanche A B OU C

ou 1 TB en SPE ou R.E. ou CHPT ou N.E. + 1 brevet pistage ou troupeau + dysplasie de la hanche A B OU C

4 points recommandé sujet confirmé + identifié ADN + 2 EXC en SPE ou R.E. ou CHPT ou N.E. sous 2 juges différents + CANT ou TC ou CSAU ou brevet pistage ou troupeau + dysplasie de la hanche lecture A OU B

ou 2 TB en SPE ou RE ou CHPT ou NE sous 2 juges différents + B-TL OU RU ou brevet troupeau + dysplasie A OU B

5 points élite B, sujet confirme + identifie ADN ayant produit en première génération :

– mâle : 4 descendants cotés 4 points avec 2 lices ;
– femelle : 4 descendants cotés 4 points en 2 portées

6 points élite A, sujet recommandé ayant produit en première génération :

– mâle : 4 descendants cotés 4 points avec 2 lices ;
– femelle : 4 descendants cotés 4 points en 2 portées

Épreuve de la balançoire

Saut de haie vu de profil

Après avoir croisé le couple maître-chien, il referme son parapluie, puis testeur et conducteur se font de nouveau face et se rejoignent afin d'échanger une poignée de main. Cette deuxième approche permet d'estimer le retour au calme du chien et de son équilibre.

On notera la réaction par rapport à l'objet.

A) le chien est attentif à l'objet

B) il ne se préoccupe pas ou peu de l'objet

C) il évite l'objet par un franc recul

D) il cherche à fuir, ou manque de confiance en lui

E) il essai d'attaquer l'objet

Les sujets évalués A ou B seront retenus. Les sujets évalués C auront une mention « avis réservé » et pourront se représenter une seconde fois au test.

Les sujets cotés D ou E seront éliminés avec possibilité d'appel.

L'agility

L'agility est une discipline canine qui ressemble au jumping équestre et qui consiste à faire évoluer un chien sur un parcours composé d'obstacles divers. Elle développe et met en évidence les aptitudes et les qualités naturelles du chien : courir, se faufiler, sauter, se

Épreuve de slalom

coucher, etc. Homologuée par la Société centrale canine en 1988, cette discipline canine éducative par excellence attire de nombreux pratiquants qui participent régulièrement aux 300 concours, foires, ou expositions canines organisés annuellement en France.

Aujourd'hui, l'agility est reconnue officiellement par la Fédération cynologique internationale et plus d'une quinzaine de pays pratiquent ce sport canin selon un même règlement.

Ouvert à tous les chiens, ce nouveau sport, à la fois spectaculaire et technique, est un gage de forme physique, de santé, d'équilibre et de joie de vivre pour le chien, en même temps qu'il exige compréhension et respect de la part du maître.

Les épreuves d'agility comportent les obstacles suivants : les *haies ;* le *mur ;* le *viaduc ;* le *saut en longueur ;* la *rivière ;* la *table ;* le *pneu ;* les *tunnels ;* les *obstacles* de *contact ;* le *slalom.*

Votre Berger catalan trouvera dans ces différentes épreuves les moyens d'exercer ses grandes qualités d'adresse, d'équilibre, de maîtrise de soi, de résistance et d'obéissance. Toutefois, un programme d'entraînement spécifique est nécessaire pour préparer votre Catalan au concours. Pour cette préparation, on peut se reporter à l'excellent ouvrage de Joël Herreros, *Le Chien d'agility* (Éditions De Vecchi, 1997).

Le chien de berger catalan, chien de travail

Si la tâche première du Berger catalan consiste à « aller aux vaches », les visiter, les parquer, les rentrer, ou encore les conduire par les chemins d'un pré à l'autre, le cavage est une des autres activités où il excelle.

Le cavage

Le chien de berger catalan a su développer des aptitudes particulières pour le cavage. Nous avons suivi pour vous l'éducation d'un chien, Gosse de la Cité du Téméraire, chien de berger catalan élevé dans une ferme au cœur du pays charolais.

■ L'éducation du chien truffier : tout commence par un petit morceau de fromage...

Première phase

Pour apprendre à un chien à bien chercher les truffes, celui-ci doit avoir compris la notion de récompense. Ainsi, chaque fois qu'il exécute une tâche correctement, il doit être félicité à la fois par la voix et par exemple par un petit morceau de fromage.

Deuxième phase

Lorsque le Berger catalan aura été habitué à ce système de récompense, le maître ou la maîtresse creusera un petit trou dans la terre et y cachera le fameux petit morceau de fromage. Il (ou elle) incitera le gos à le trouver en répétant plusieurs fois « Cherche, cherche ». Dès que le chien l'aura trouvé,

Pose du harnais de travail

Départ de piste pour Tao du Vanil des Artses, Brevet de pistage, Champion des régions normandes Pistage B-TL et 9e à la coupe de France Espoirs de Pistage (B-TL) en 2005, niveau C-TLS depuis 2006

il sera récompensé affectueusement et pourra manger le petit morceau de fromage.

Troisième phase

Le jour suivant, faites renifler à votre gos une truffe en prononçant le mot « truffe » puis prenez soin de la cacher sous la terre avec la friandise habituelle – le fameux petit morceau de fromage... Ensuite, adressez-vous à votre chien pour l'inciter avec les habituels, « Cherche, cherche ». En d'autres termes, il s'agit de mécaniser le système de récompense : le chien doit comprendre qu'il ne l'aura qu'après avoir trouvé ce qu'on lui demande de chercher. N'oubliez pas que le chien cherche également à vous faire plaisir. Renouvelez cette opération pendant plusieurs jours de suite. Veillez à faire travailler votre chien pendant de courtes séances.

Quatrième phase

Lorsque votre chien aura bien compris tous les ordres inculqués précédemment, il sera prêt pour la prome-

Allure typique du chien qui travaille sa piste en prenant bien ses odeurs au sol

nade en forêt. Vous lui laisserez une totale liberté (il devra évoluer à une circonférence imaginaire d'une dizaine de mètres). Répétez-lui souvent « Cherche, cherche » jusqu'à ce qu'il trouve cette fameuse pépite noire et aidez-le à déterrer la truffe. Surtout n'oubliez pas la récompense ni les manifestations de joie qui raviront votre chien de berger catalan. Au fil du temps, accordez davantage d'autonomie à votre chien et laissez-le flairer l'effluve sur de plus grandes distances. L'effluve, le chien la prend au vent et non au sol, la truffe peut être à 50 ou 80 mètres de l'effluve au vent. N'hésitez pas à pratiquer le cavage avec d'autres maîtres truffiers. Les chiens n'en seront que plus stimulés.

Le travail sur troupeau

Il existe trois techniques différentes pour le chien de troupeau, plus ou moins innées suivant la race.

Le chien « toucheur »

Sont plus spécialement concernés le Briard ou le Berger bergamasque, qui

Le point de vue de Gosse de la Cité du Téméraire, chien truffier...

Voici ce que pourrait raconter Gosse de la Cité de son premier cavage.

Ma maîtresse et moi, nous nous sommes éloignés de Noisette et son maître, je marchais en rond depuis un bon moment, sur la mousse, sur du lierre, pas de limites, pas de repères... enfin, une petite brise légère m'apporte l'odeur tant recherchée, je tourne en tous sens, oui, oui c'est bien par là, l'odeur est précise cette fois, mon fouet s'agite... j'ai trouvé ! Il me faut gratter juste sous les cailloux et ma maîtresse vient à mon aide et se met aussi à chercher en creusant le sol avec un couteau de cavage...
Sitôt obtenue ma récompense, je recommence pour prouver ma valeur de vrai chien truffier.

Prise d'odeur pour un départ de piste

mordent les jarrets des brebis sans les blesser pour autant, de manière à faire avancer celles qui traînent ou qui s'isolent.

Le chien « aboyeur »

Plutôt de petite taille comme le Berger des Pyrénées, le Labrit ou le Puli, qui se servent de leurs cordes vocales pour faire avancer les retardataires.

Le chien « hypnotiseur »

Il concerne uniquement le Border Collie qui, lui, a une approche de la brebis en piétinant et en la fixant avec un regard hypnotique, plutôt proche du chien de chasse ou d'un chat lorsqu'il veut attaquer sa proie.

Histoire des concours de chiens de travail

En France, le premier concours de chiens de travail sur moutons fut organisé dans la ville de Chartres en 1896, le deuxième à Angerville en Seine-et-Oise en 1897.
À cette occasion, les premiers standards des chiens de berger français comme le Berger de Beauce et le Berger de Brie furent établis. Le troisième concours eut lieu à Lizy-sur-Ourcq, près de Meaux, en 1898. Ils étaient tous organisés par le Club français du chien de berger.
À l'hippodrome de Neuilly-Levallois, dans le courant de l'année 1900, on organisa un concours de chiens de travail lors de l'Exposition universelle de Paris. D'autres concours apparurent par la suite, souvent à l'occasion de manifestations agricoles, mais la mise en place définitive ne s'effectua qu'en 1912, à l'initiative de la Société nationale pour l'utilisation du chien de berger fondée en 1911 par Jules Dunet qui privilégiait en particulier le Berger de Beauce.

Rapport d'objet

De quelle catégorie fait partie le Berger catalan ?

Il est polyvalent mais fait plus naturellement partie des chiens « toucheurs ». Cependant, si on l'éduque à exercer sa voix, il peut faire partie des chiens aboyeurs ; tout dépendra en fait de son éducation.

Il y avait deux sortes de concours :
– les concours fixes pour lesquels les concurrents étaient rassemblés dans un lieu inhabituel avec un troupeau choisi par les juges. Ce style de concours se déroule encore actuel-

lement au rythme d'une douzaine par an ;
- les « concours itinérants » où les membres du jury se déplaçaient auprès des troupeaux afin de juger les compétences des chiens travaillant dans leur environnement familier. Cette technique de jugement permettait d'apprécier équitablement la valeur du chien mais, étant trop peu spectaculaire, ni trop éducative et n'attirant que peu de spectateurs, elle fut abandonnée dans les années 1950.

Les concours se développèrent réellement à partir de 1961, date à laquelle la Société centrale canine, en collaboration avec la fédération ovine, mit en vigueur un règlement officiel et mit en place une liste de juges aptes et qualifiés. Ce fut grâce à la RACP (Réunion des amateurs de chiens pyrénéens) qui fut pionnière en la matière puisqu'elle rédigea le règlement des concours itinérants en collaboration avec le CFCB (Club français des chiens de berger).

La première tentative de concours itinérant de chiens de troupeau en montagne fut organisée par la RACP, aux mois de janvier, février et mars 1927, sous le patronage de la Société canine Gers-Pyrénées. C'est toujours la RACP qui organise depuis 1986 au mois d'août, dans la région du cirque d'Anéou, en haute vallée d'Ossau, le premier concours officiel se déroulant pour les chiens de berger reconnus et les chiens de berger locaux (Labrits). Rappelons qu'en 1983 eut lieu un concours en haute montagne au pont d'Espagne, à Cauterets, organisé par La SEAE (Société d'encouragement à l'agriculture et à l'élevage) des Hautes-Pyrénées en association avec la RACP. Enfin il existe de nombreuses disciplines comme l'agility, le fly-ball, etc. Le plus important est qu'elles permettent de rapprocher un peu plus le couple maître-chien. Pour obtenir de bons résultats, il faut un minimum de complicité, de compréhension entre le maître et son chien. Le plus important sera de posséder un chien non seulement beau mais équilibré qui éprouve une grande joie à partager la vie de son maître.

Les concours de chiens de berger de travail sur troupeau

Ces concours organisés sous l'égide de la Société centrale canine sont particulièrement spectaculaires, surtout pour les néophytes, et permettent notamment d'apprécier le travail et la complicité du couple maître/chien, révélant ainsi toute l'intelligence dont fait preuve un animal exercé au travail quotidien sur troupeau.

Le but de ces concours sera de mettre en valeur les diverses qualités du chien de façon à promouvoir la sélection, l'utilisation et d'apprendre aux conducteurs à utiliser leurs chiens de façon optimale.

Ces concours sont réservés aux chiens de berger et bouviers de race pure (inscrits à un Livre des origines

En fin de piste, le chien est encouragé et félicité.

reconnu par la Fédération cynologique internationale).
Les chiens doivent être âgés d'au moins 1 an et conduits par un professionnel en élevage d'ovins ou bovins : berger, éleveur, technicien... Ces concours, très stricts et codifiés, consistent tout simplement à faire évoluer un chien en présence d'un troupeau de brebis d'environ cinquante à quatre-vingts têtes, suivant un parcours bien déterminé, ponctué de plusieurs et différents obstacles et d'exercices judicieusement répartis.
Ils se composent de :

- une sortie de bergerie ;
- un stop ou arrêt complet ;
- un passage de voiture ;
- un travail à distance ;
- un passage difficile (un pont par exemple) ;
- un pâturage au « carré » (troupeau placé au milieu de quatre piquets avec une clôture imaginaire qu'il ne doit pas dépasser) ;
- une contention du troupeau ;
- une rentrée à la bergerie.

Tout cela pour recréer et reproduire aussi fidèlement que possible des situations réelles qu'affrontent les

Autre chien pisteur : Rio du Vanil des Artses, Brevet d'Obéissance, Brevet de Pistage, Niveau B-TL en pistage

conducteurs dans un environnement naturel. Il existe trois niveaux de difficultés qui sont notés différemment :

- le premier niveau correspond à une prise en main du troupeau, c'est l'épreuve la plus facile, où l'on ne juge que l'instinct du chien avec un minimum d'obéissance ; cette épreuve est notée sur 75 points ;
- on peut accéder au deuxième niveau sans obligatoirement passer le premier. Il est jugé sur 100 points avec un minimum de 75 points pour accéder au niveau 3. Ce nombre de points correspond à l'obtention d'un brevet de travail, ce qui permet ensuite la demande d'un carnet de travail officiel de la SCC ;
- on ne peut pas accéder au troisième niveau sans ce carnet de travail ; le troisième niveau est noté sur 150 points, c'est le concours le plus complet ; lorsqu'on accède au troisième niveau, on concourt pour la sélection du championnat de France.

Il faut avoir réussi deux concours avec un minimum de 112,5 points pour être retenu ; seuls les vingt meilleurs scores seront sélectionnés.

Le témoignage de Joyaux, chien de travail

J'avais déjà 5 mois lorsque je suis arrivé dans une ferme de l'Allier où mon maître élève plus de 430 moutons ! J'ai fait la connaissance d'un Border Collie qui travaillait déjà aux côtés de mon maître.

Mon maître m'a enseigné plusieurs ordres :

- « Assis », qui équivaut à un arrêt total.
- « Attends », qui équivaut à l'arrêt mais me laisse davantage d'initiative.
- « Amène », qui intime l'ordre de ramener tout le troupeau.
- « Marche », qui m'ordonne de passer du trot au pas.

Si le Border Collie hypnotise les brebis comme un chien d'arrêt, moi je trottine devant elles de long en large.

Très endurant, je peux trotter des heures durant, même en plein soleil. Je suis parfois très têtu. Mon maître est venu à bout de mon refus de faire plus d'une fois le tour du troupeau, alors qu'il faut au moins en faire trois, en suivant les conseils d'un moniteur spécialisé dans le dressage du chien de berger.

Ainsi, il m'a remis en place en agissant comme le fait la chienne avec les petits de sa portée : en me soulevant par la peau du cou ! J'ai compris tout de suite et dorénavant, j'exécute les trois tours sans « broncher » !

Annexes

Témoignages de quelques éleveurs

Témoignage de Jesús Ortiz, copropriétaire de l'affixe El Jarral, avec son épouse Manuela Morejón, Pastrana Guadalajara, Espagne

Mes yeux se remplissent de joie quand je vois les yeux de ma chienne Día El Jarral, future championne de beauté, et gardienne de troupeaux.
Tout a commencé lorsque j'avais 10-11 ans. Je passais déjà mes vacances dans un village de la province de Tolède avec un oncle de ma mère. Ce fut cette année-là que je rencontrai Manolo. Ce chien de berger catalan était tout gris, mais ce qui me surprit le plus furent ses yeux. Jamais je n'oublierai un regard si profond : je sus en un éclair que nous serions amis pour la vie.
Mon oncle me dit de ne pas m'en approcher parce qu'il pourrait me mordre.
Je me souviens encore comment Manolo s'est approché de moi en penchant la tête pour que je le caresse. Mon oncle fut surpris mais m'affirma qu'il deviendrait mon ami : le chien l'avait décidé.
Lui seul était capable de diriger un troupeau de cinq cents brebis de race Manchega.
Mon oncle m'affirma que c'était le meilleur chien qu'il avait jamais eu : tout le monde le respectait et lui obéissait. Avant même que mon oncle ne lui donne un ordre quelconque, Manolo le devinait. Sa pitance était toujours la même : une caresse et une part du petit déjeuner.
Les années passèrent mais lui n'oublia jamais notre amitié. Tous les ans, il me recevait avec joie et l'humanité de son regard me surprenait toujours autant.
Lorsque j'eus 18 ans, mon oncle m'annonça qu'il vendait le troupeau car il n'avait pas d'enfant qui puisse prendre la succession.
Je lui demandai ce qu'il allait faire avec Manolo. Il me répondit qu'ils resteraient ensemble jusqu'à ce que Dieu les rappelle auprès de lui.
Manolo était déjà vieux, dormait toujours avec les brebis mais ses yeux étaient déjà tristes.
Le Noël suivant, de retour chez mon oncle, je lui demandai de ses nouvelles. Mon oncle m'emmena à la bergerie et me dit qu'il était mort depuis un mois. Dans ses yeux, je vis quelques larmes furtives ; il me répondit que le chien avait renoncé à vivre lorsqu'il avait vendu le troupeau.
Par monts et par vaux, le soleil brûle la terre de Catalogne et l'histoire se

répète : aujourd'hui, c'est moi qui suis au tournant de ma vie, et entouré de mes chers Bergers catalans, je me souviens de ceux qui sont partis et de ceux qui sont encore avec moi : CH Bandido, CH. Suerte, Seda, María Hielo, Día y Noche... et je souhaite un jour me retrouver dans la « grande vallée » accompagné de mes fidèles amis, revoir mon oncle et Manolo, car ce furent eux qui me firent aimer cette race merveilleuse.

Mes débuts avec le chien de berger catalan par Ana Cuellar Rocabert, affixe de Casa Alegre

J'ai toujours beaucoup aimé les chiens mais mes parents ne m'ont jamais permis d'en avoir à la maison. J'ai découvert le chien de berger catalan en 1982, grâce à une chienne que j'ai appelée Carlota.

Ma famille et moi avions pour habitude de passer nos étés dans un village de la région de Valencia, où mes parents possédaient un chalet. Ils y passaient également les week-ends.

Un jour, mon père me parla d'un petit chien dont il pensait qu'il me plairait beaucoup. Ce chien s'approchait systématiquement de la maison chaque fois qu'ils se mettaient à table. Comme mon père insistait beaucoup, cela m'intrigua et je décidai de passer mes vacances au chalet pendant l'été.

Au moment de nous mettre à table sur la terrasse, le chien apparut. Il était effectivement très mignon, couvert d'un poil abondant, de couleur dorée, des yeux très expressifs, bordés de noir. En fait c'était une chienne et elle était maintenant tranquillement installée sur la terrasse. Après le repas, je descendis prendre le soleil dans le jardin, sans lui prêter trop d'attention.

Peu de temps après, elle m'aperçut et commença à me faire des amitiés : elle me touchait du bout du museau, évoluait autour de moi puis disparut de mon champ de vision.

Elle revint pour effectuer le même cérémonial. Elle manifestait beaucoup d'affection à mon égard et je le lui rendais bien. Elle s'était, semblait-il, réfugiée dans un champ d'orangers voisin.

Elle devait chercher une maison et un maître, elle ne portait aucun signe d'identification ni collier. Je décidai de rester un jour de plus pour l'adopter. Je l'emmenai avec moi à Valencia, tout d'abord chez un toiletteur qui se trouvait juste à côté de chez moi, puis chez le vétérinaire.

Quand j'entrai chez le toiletteur, il me dit : « C'est un chien de berger catalan ! ». Je ne compris pas son enthousiasme. Alors les personnes présentes me parlèrent d'un article consacré au chien de berger catalan et paru dans *El Mundo del perro* dans lequel il était question de Jordi Carulla, affixe de Canprat.

Ils me donnèrent nombre d'explications sur cette race avec un enthousiasme qu'ils me communiquèrent immédiatement. Non contente de prodiguer les premiers soins à cette chienne, je décidai de la garder avec moi en dépit de l'opposition formelle de mes parents.

Aussi adoptai-je Carlota et comme je le dis encore aujourd'hui : la race m'a choisie et je me sens très reconnaissante envers cette chienne.

Peu de temps après, des amis de mes parents, entendant mon père dire que nous possédions un chien de berger catalan, nous proposèrent de la croiser avec un mâle de la même race qui s'appelait Bull, qui était de couleur gris sombre, lui aussi très beau.

Carlota et Bull s'accouplèrent et je gardai le seul mâle qui naquit de cette union. Mes sœurs et moi le prénommâmes Goffy.

Amparo et Julian, propriétaires du salon de toilettage canin Resican, ouvrirent un autre salon et le baptisèrent Puppy (il y est toujours actuellement). Appréciant énormément le chien de berger catalan, ils connaissaient les membres du Club du chien de berger catalan et appartenaient eux-mêmes au club.

Il y avait une ambiance très « cynophile » dans ce salon puisque les éleveurs de Terriers et de Schnauzers, les juges de la Société canine de Valence s'y retrouvaient souvent. Ils m'enseignèrent les principes régissant le monde des expositions canines.

En 1984, Goffy obtint le RRC, alors qu'il n'avait qu'un an, et entra ainsi dans le monde des concours et expositions canines, monde que je trouvais passionnant.

En 1987, Goffy gagna le championnat d'Espagne de Beauté. Plus tard, je devins éleveur amateur afin de stabiliser la race de mes chers Bergers catalans.

En 1988, j'obtins l'affixe de Casa Alegre en copropriété avec mon amie Trinidad Falcó (propriétaire de Bull, père de mon cher Goffy).

En 1994, nous gagnâmes pour la première fois le championnat d'Espagne avec notre affixe Ch. Candela de Casa Alegre.

Mais par-dessus tout, ce que nous aimions dans cette race était son caractère entier, accompagné d'une extraordinaire intelligence et d'un tempérament plein de vitalité particulièrement communicative justifiant la place de compagnons et d'amis que ces chiens occupent dans notre vie.

Mon slogan « Un chien de berger catalan dans votre vie pour la rendre joyeuse » est le fruit de ma propre expérience. Je n'ai pas seulement eu un chien de berger catalan dans ma vie, mais mon métier d'éleveur m'a conduite à en produire d'autres pour d'autres propriétaires.

Je souhaite que tous les propriétaires de chiens de berger catalans soient aussi heureux que moi.

Ceux qui ne vivent plus avec nous vivent encore dans notre cœur : Carlota, Goffy, Bull, Optim, Lena, Gina, ceux qui partagent notre quotidien remplissent nos jours d'une joie qui ne s'est jamais démentie au fil du temps et nous rendent la vie plus supportable.

Hervé de Bastiani, affixe du Val d'Arly

Voilà dix ans déjà que j'ai fait l'acquisition de mon premier chien de berger catalan, suite à un appel lancé par M. Calendrin.

Fréquentant les expositions canines, j'ai été séduit par de beaux sujets, calmes et sociables. Ce chien ressemble au Berger des Pyrénées, moins malicieux, plus calme, très obéissant et tout aussi intelligent et d'un entretien quasiment nul.

Le maître idéal serait une personne qui passerait le plus de temps possible avec son gos, en plein air, car ce chien, tout en étant calme, reste très actif.

C'est un chien attentif, volontaire et polyvalent. Nous avons des exemples en France, en pistage, en cavage, sans oublier bien sûr sur troupeaux.

Il est adorable lors des sorties en montagne, et ne quitte pas la famille mais fait des va-et-vient en permanence entre les membres du groupe. Il est infatigable et adore jouer avec les enfants. Cette race se développe très lentement, car nous sommes peu nombreux à la produire en France.

Alice Billoux, affixe de la Cité du Téméraire

L'éleveuse de la Cité du Téméraire parle du caractère du gos d'atura català, de son intelligence au travail.

Je dis que ce chien se fait copie conforme de celui ou celle qui se tient « au bout de la laisse », que son équilibre et son allure noble, inimitable, dépendent de sa rencontre avec l'humain. Rencontre réussie, le chien de berger catalan est fier, digne, allant sans recul, ni hésitation, ni sautillement écervelé autour du maître...

Il est pondéré, sociable, calme en tous lieux et toutes circonstances. Et même silencieux... car c'est là sa propension naturelle.

Le chien de berger catalan est gai, joueur, assez fougueux au jeu et au travail, mais jamais brutal. Patient et doux avec les petits enfants, ne quittant jamais son maître des yeux.

Attentif gardien d'alerte avec un flair extraordinaire, il détecte le passant inhabituel à une distance d'un kilomètre. Le chien de berger catalan sait vivre en harmonie avec ses congénères et avec les chats !

Toute sa séduction se parfait dans une éducation raffinée, à la fois ferme et affectueuse. Le maître trouvera exactement ce qu'il attend de son chien dans de multiples activités à partager : jogging, VTT, excursions en moyenne montagne, randonnée, cani-cross, agility, pistage, cavage et troupeau, fût-il seulement représenté par quelques oies. Rusticité, simplicité d'entretien et de nourriture, rien n'est perdu au potentiel inné, qui est conservé par la sélection citadine actuelle.

Les vrais Catalans le savent : ils ont jugé bon d'ériger un monument à la gloire du gos, près d'Andorre, seul exemple en Europe de vénération canine monumentale.

Il fut aussi, en 1992, la mascotte des JO de Barcelone.

■ Isabelle Ritz, affixe du Glacier d'Argentière

La première fois que j'ai aperçu un chien de berger catalan, c'était lors d'une visite chez madame Sylvie Renaud.
Le chien que je vis en premier était une femelle de couleur fauve, assez câline et tranquille. Cette race me paraissait assez commune, voire même ordinaire et je ne comprenais pas l'attachement et la complicité qu'il y avait entre Madame Renaud et cette chienne...
Puis il y eut un deuxième, puis un troisième Berger catalan, une première mise bas suivie d'une autre... ce qui me fascinait, c'était de voir cette multitude de couleurs différentes dans une même portée.
Au cours de l'été dernier, je me suis retrouvée avec deux chiens de berger catalans en pension. Moro, mâle d'un an, de couleur noire, m'a tout de suite séduite avec sa barbiche noire, me faisant la fête dès le premier jour comme si l'on se connaissait depuis toujours. Il était très attachant et à mon tour, je succombai pour cette superbe race. En novembre, Ninas est arrivée dans notre foyer... c'est incroyable à quel point ce chiot a pris une place importante dans notre vie : il court partout, joue avec tout et n'importe quoi, entre autres avec un chaton.
Il est incroyable d'assister aux manifestations de tendresse de ma fille Cindy âgée de deux ans et demi envers Ninas !
En avril c'est Ola qui est entrée dans la famille ; aussi affectueuse que sa congénère, elles sont devenues inséparables.
Les sujets de cette race ne sont pas seulement malins mais également très solidaires entre eux. Cette race mérite plein d'attention, voue un amour illimité à son maître, avec un regard de velours et une énergie débordante ; quand vous découvrirez le chien de berger catalan, vous ne pourrez plus vous en passer !
Alors attention au virus !!

■ Augusto Tonietti, affixe d'Espinavessa et juge international

Le chien de berger catalan est une race qui, à la fin du XXe siècle, est en plein essor. S'il fut jusqu'à récemment en voie d'extinction, grâce aux travaux de quelques passionnés, nous pouvons aujourd'hui nous réjouir de la présence et de la compagnie de ce patrimoine naturel qui pendant des centaines d'années fut un auxiliaire indispensable pour les bergers et les paysans de Catalogne.
Une des choses dont nous pouvons être fiers est que, depuis plus de vingt ans, nous avons travaillé à la sélection de la race et à la conservation du chien de berger catalan en respectant le stan-

dard établi à partir des deux sujets « d'origine » : Tac et Iris (1929).
Ce standard a été respecté jusqu'au point de n'avoir aucune différence entre les sujets actuels et Tac et Iris et ce grâce, en majeure partie, aux documents iconographiques que nous avons retrouvés.
Dans les races que nous pouvons appeler « modernes », si l'on trouve quelques modifications ou nouveaux critères pour une race chez qui le naturel, la fonctionnalité et l'adaptation au milieu ont été les vrais artifices de sa morphologie et de son caractère, nous ne pourrions admettre qu'elle soit aujourd'hui modifiée.
Il a également été démontré que le chien de berger catalan n'a pas été soumis à des changements dus à des critères personnels, et nous pouvons constater que sur une même portée, un sujet sera excellent en agility, l'autre travaillera à merveille dans une bergerie, certains seront d'excellents chiens de compagnie et d'autres participeront à des expositions canines.
Je ne peux dater mon premier contact avec le chien de berger catalan, mais l'on pourrait dire qu'il a été présent toute ma vie durant.
Ma famille avait une maison de campagne dans un petit village, près de Girona San Madir, où nous possédions, ainsi que nos voisins, des chiens de berger catalans qui gardaient nos troupeaux.
Les chiens de berger catalans étaient également d'excellents chiens de garde.
Un jour, ma mère me fit cadeau d'une encyclopédie canine, parue en France dans les années 1970, où l'on voyait la photo si renommée de Tac et Iris de l'année 1929 et où l'on parlait du chien de berger catalan comme d'une race à part entière. Je me décidai alors à agir en conséquence.
J'avais déjà produit deux portées de Bergers allemands et je me surpris à penser : « Pourquoi ne pas élever des chiens de berger catalans ? »
Hélas, en l'espace de quinze ans, la plupart des fermes s'étaient au fil du temps transformées, certaines s'étaient mécanisées et n'utilisaient plus de chiens. La majorité des fermiers étaient partis travailler dans les usines de la région.
Cependant, je connaissais un homme qui fréquentait tous les marchés de la région de Girona, pratiquant le commerce de chevreaux et d'agneaux : il connaissait tous les bergers, les seuls à pouvoir posséder des chiens de berger catalans de race relativement pure. À partir de ce contact j'ai pu acquérir les chiennes Negra et Daina.
En parcourant les villages des Pyrénées et de l'Emporda, j'ai rencontré des sujets comme Malic, Drap, Cuca, etc.
Tous sont présents dans les pedigrees des champions actuels.
Je veux insister sur le fait que pendant toutes ces années, lorsque je produisais une portée de chiens de berger catalans, je devais les donner car peu de gens croyaient en la valeur de la race.

En croisant ces chiens « récupérés », entre eux et avec d'autres dont la généalogie était moins homogène, je donnai naissance à la lignée d'Espinavessa avec plus de 20 champions.
Les sujets les plus prestigieux de cette lignée furent :
- Flip d'Espinavessa, champion national, champion du monde en 1992 ;
- Gip d'Espinavessa, champion national, primé à l'Eurodog show catégorie races espagnoles ;
- Cadi d'Espinavessa, champion national ;
- Cantir d'Espinavessa, champion national et international (1998) ;
- champion Fada d'Espinavessa, Ch. Claca d'Espinavessa, Ch. Pachoca d'Espinavessa.

Elena Colls i Labayen, affixe de Campdura, juge international

L'affixe de Campdura tire son origine d'une petite enclave au nord-nord-est de Girona et c'est dans la *masia* (maison typique de la campagne de Catalogne) répondant au nom de Can Mainau qu'a commencé l'histoire de notre élevage. L'affixe a été créé en novembre 1977. Nous avons toujours aimé la campagne, la vie rurale et les animaux de la ferme et c'est pourquoi nous nous sommes intéressés aux chiens qui vivaient dans les fermes et par-dessus tout, à ceux qu'il y avait dans notre ferme. Celui qui connaît et se laisse séduire par le miracle du chien de berger catalan ne pourra jamais l'oublier. Noble, curieux, enthousiaste, tour à tour gai ou très sérieux : il séduit tous ceux qui l'approchent.
Cette approche ajoutée à son apparence justifiait mon ambition : sauver cette race menacée d'extinction et créer l'affixe de Campdura, ce avec le souci constant de préserver l'esprit du chien de berger catalan dans notre campagne.
Depuis, le temps a passé et nous avons continué avec la même énergie. Nous avons ainsi accumulé plusieurs années d'élevage et beaucoup d'expérience ; nos chiens sont implantés un peu partout dans le monde : France, Italie, Hollande, Belgique, Portugal, Finlande, principauté d'Andorre, Israël, la Californie ainsi que d'autres États américains.

Ils sont également implantés sur tout le territoire espagnol.
Feluga de Campdura fut le premier SIS de la première période. (...)
Citons d'autres champions espagnols : Grey, Mona et Taca, des champions français : Ros et Micomaco, israéliens : Joia, et hollandais : Vina. Tous ont l'affixe de Campdura.
Nous voulons continuer à travailler avec cette race et continuer à faire connaître ses nombreuses vertus à tous ceux qui se sentent attirés par ces compagnons à quatre pattes.

Lexique des termes cynophiles courants

Affixe : nom propre à un élevage, concédé à l'éleveur par la FCI pour la vie, destiné à servir de « nom de famille » à tous les chiens de sa production. Par exemple « of Mountford » ou « Riverhill » sont deux très célèbres affixes de Shetland.

Agility : discipline créée en 1978 par le Britannique Peter Meanwell, l'Agility consiste à réaliser le plus rapidement et avec le moins de fautes possible un parcours d'obstacles inspiré du concours hippique. C'est à l'heure actuelle une discipline très répandue et la principale activité des Shetlands actifs en France.

Bégu : se dit d'un chien atteint de prognathisme supérieur (les incisives de la mâchoire supérieure sont en avant de celles de la mâchoire inférieure).

CACIB : certificat d'aptitude au championnat international de beauté. Mention pouvant être attribuée, à la discrétion du juge, au sujet classé « 1er excellent » dans une classe d'adultes (ouverte, travail, champion), si ce dernier présente des qualités exceptionnelles, et ce lors d'une exposition internationale dite « à CACIB ».

CACS : aussi appelée « CAC ». Cette mention peut être attribuée, sur appréciation du juge, au sujet classé « 1er excellent » dans une classe d'adultes (ouverte, travail, champion), si ce dernier présente des qualités exceptionnelles, et ce lors d'une exposition nationale, dite « à CACS ».

Cagneux : se dit d'un chien atteint d'un défaut des membres postérieurs ou antérieurs, les pieds étant tournés vers l'intérieur (« en dedans »).

Carte d'exposant : document envoyé à l'exposant après enregistrement de son engagement, lui servant de laissez-passer et donnant droit au catalogue des inscrits à l'entrée de l'exposition concernée.

C. Ch. : classe champions.

C. Déb. : classe débutants.

Certificat de naissance : document en trois volets de couleur rose attribué par la SCC à chaque chiot issu de parents confirmés, à condition que l'éleveur se soit acquitté des déclarations de saillie,

de naissance et de la demande d'inscription de portée auprès de la SCC.
Ch. : champion national. Le nom du pays suit le sigle. Exemple : Ch. Esp. = champion d'Espagne, Ch. It. = champion d'Italie, etc.
Ch. CS. : champion national de conformité au standard). Ancien titre de champion de France de beauté.
Ch. IB. : champion international de beauté.
CHLP : sigle diminutif désignant les vaccins contre les maladies suivantes : maladie de Carré (C), hépatite infectieuse (H), leptospirose (L) et gastroentérite à parvovirus (P). Le sigle « R » désigne le vaccin contre la rage.
Choix de portée : il s'agit du chiot, mâle ou femelle, que le propriétaire de l'étalon conserve comme paiement de la saillie effectuée par son chien. Par extension, se dit aussi du chiot conservé par l'éleveur comme futur représentant et reproducteur de son élevage. Ou encore du chiot choisi parmi tous les autres par le premier acheteur.
C. J. : classe jeunes.
C. O. : classe ouverte.
Confirmation : examen obligatoire en vue de l'obtention du pedigree définitif pour tous les chiens inscrits au LOF. Le chien doit être âgé de douze mois minimum. Lors de l'examen, l'expert-confirmateur vérifie l'identité du chien (par son tatouage), sa dentition, et la présence des testicules pour les mâles. En l'absence de défaut rédhibitoire (« point de non-confirmation »), l'expert déclare le chien « apte », et signe le formulaire de confirmation. Le propriétaire le renvoie, complété et accompagné d'une somme forfaitaire à la SCC, qui lui fait parvenir le pedigree définitif de son chien sous trois mois.
Cryptorchide : se dit d'un chien mâle dont aucun des deux testicules n'est normalement descendu dans le scrotum (bourses). La cryptorchidie est un point de non-confirmation dans l'ensemble des races, et un motif de disqualification dans les manifestations canines.
C. T. : classe travail.
C. V. : classe vétérans.
Déclaration de naissance : imprimé officiel de la SCC devant être complété et renvoyé dans les quinze jours suivant la mise bas.
Déclaration de saillie : imprimé officiel de la SCC devant être complété, signé et renvoyé dans les quatre semaines suivant la date de l'accouplement.
Demande d'inscription de portée : imprimé officiel de la SCC permettant l'attribution des certificats de naissance, à compléter et renvoyer dans les six mois suivant la date d'ouverture du dossier par la SCC (à réception de la déclaration de saillie).
Élite : voir à R. e.
FCI : Fédération cynologique internationale.
Grignard : se dit d'un chien atteint de prognathisme inférieur (les incisives de la mâchoire inférieure sont en avant de celles de la mâchoire supérieure ; c'est le prognathisme du Boxer ou du Bulldog).
Lice : femelle (reproductrice).

LOF : Livre des origines français. Ouvert en 1885, le LOF gère toutes les naissances et inscriptions de chiens de race pure. Dans beaucoup de races, le livre est ouvert. Cela signifie qu'un chien sans pedigree, mais correspondant parfaitement aux critères de la race, peut y être inscrit à « titre initial ». Ses descendants (nés d'un partenaire confirmé) sont alors normalement inscrits à leur tour. Dans des races à forte population, le livre est fermé. Les chiens ne peuvent y être inscrits qu'au « titre de la descendance », c'est-à-dire par la voie normale de l'accouplement de deux parents eux-mêmes LOF et confirmés. Ou au titre de l'importation, s'ils détiennent un pedigree d'un pays membre de la FCI.

Lot d'élevage : groupe composé de cinq sujets de même race et variété (mâles et femelles) nés chez le même éleveur, mais pouvant appartenir à des exposants différents. Ils doivent en outre être engagés individuellement. Les lots d'élevage concourent pour le titre de « meilleur lot d'élevage ».

Meilleur de race : chien choisi par le juge parmi les vainqueurs de toutes les classes d'une même race. Il peut appartenir à n'importe quelle classe. Exemple, le gagnant de la classe jeunes peut l'emporter sur celui de la classe champions.

Mondiale : « La Mondiale » désigne l'exposition annuelle qui tient lieu de championnat du monde. Organisée chaque année dans une ville différente, elle réunit les plus beaux chiens de très nombreux pays. Les sujets y obtenant le CACIB accèdent au titre officiel de « vainqueur de l'exposition mondiale de .... ». Par commodité, on parle plus souvent de « champions du monde » et « champions du monde junior » pour les vainqueurs de classe jeunes.

Monorchide : se dit d'un chien mâle dont un des deux testicules n'est pas normalement descendu dans le scrotum (bourses). La monorchidie est un point de non-confirmation et un motif de disqualification dans les manifestations canines.

Panard : se dit d'un chien atteint d'un défaut des membres postérieurs ou antérieurs, les pieds étant tournés vers l'extérieur (« en dehors »).

Pedigree : document officiel attribué à un chien inscrit au LOF après qu'il ait passé avec succès l'examen de confirmation.

Pistage : discipline de compétition ou utilitaire, où le chien doit retrouver objets ou personnes en suivant leur « voie » (trace odorante) grâce à son flair. Il s'agit d'une discipline noble et très ardue, où des Shetlands ont déjà obtenu d'excellents résultats.

Prognathe : se dit d'un chien dont les incisives des deux mâchoires ne sont pas en contact étroit, ou si les inférieures sont en avant des supérieures. Selon la nature de son prognathisme, le sujet peut être « grignard » ou « bégu ».

RCACIB : réserve du certificat d'aptitude au championnat international de beauté. Mention attribuée sur décision du juge à un chien classé « 2e excellent » dans une classe d'adultes (ouverte, travail, champion), à condition qu'il soit de mérite exceptionnel. Le RCACIB tient lieu de CACIB lorsque le chien ayant remporté celui-ci ne remplissait pas les conditions pour y prétendre.

RCACS : réserve du certificat d'aptitude au championnat de standard. Mention attribuée sur décision du juge à un chien classé « 2e excellent » dans une classe d'adultes (ouverte, travail, champion), à condition qu'il soit de mérite exceptionnel. Le RCACS tient lieu de CACS lorsque le chien ayant remporté celui-ci ne remplissait pas les conditions pour y prétendre.

R.e. : reproducteur d'élite. Titre correspondant à une cotation en nombre de points réalisée par le club de race. Un reproducteur est déclaré d'élite lorsqu'un nombre déterminé de ses descendants obtiennent eux-mêmes le titre de « sujet recommandé. » Sont déclarés « élite A » les étalons ayant produit au moins cinq sujets recommandés issus d'au moins trois lices différentes. Sont déclarés « élite B » les étalons ayant produit trois sujets recommandés issus d'une ou plusieurs lices. Sont déclarées « élite A » les lices ayant produit au moins cinq sujets recommandés issus d'un ou plusieurs étalons. Sont déclarées « élite B » les lices ayant produit au moins trois sujets recommandés issus d'un ou plusieurs étalons.

Ring : aire délimitée par des barrières ou des cordons, à l'intérieur de laquelle se déroulent les jugements. Le ring d'honneur est le plus grand et le mieux situé de tous, dans lequel se déroule l'attribution des « meilleurs de groupe » et du « Best in Show » (meilleur chien de l'exposition).

SCC : Société centrale canine.

S.r. : sujet recommandé. Sujet qualifié « excellent » à l'exposition nationale d'élevage en classes ouverte, champions ou vétérans.

TAN : test d'aptitude naturelle. Épreuve destinée à évaluer les caractères des chiens et à mettre en avant leurs qualités de sociabilité, équilibre, résistance au bruit, etc.

Adresses utiles

Société centrale canine (SCC)

155, avenue Jean-Jaurès
93535 Aubervilliers Cedex
Tél. :01 49 37 54 00

Fédération cynologique internationale (FCI)

13, place Albert 1er
6530 Thuin
Belgique
Tél. : (00) 32 71 59 12 38

Réunion des amateurs de chiens pyrénéens (RACP)

Président (et information races espagnoles)
Alain Pécoult
La Bourguine
3917 Route de Pertuis
84460 Cheval-Blanc
Tél. : 04 90 78 29 63
Fax : 04 90 78 29 63
laRACP2001@aol.com

Secrétaire et information
Jean-Bernard Moings
63210 Nebouzat
Tél. : 04 73 87 17 75
ecir@club-internet.fr
www.chiens-des-pyrenees.com

Club du chien de berger catalan d'Espagne

Apartado de Correos 172
08470 Sant Celoni (Barcelona)
Tél : 902103893
Fax : 935891812
Real Sociedad de España
C/Los Madrazo 20 et 26
28014 Madrid
Tél : 915218419 et 913691213
Fax : 915225192 et 914299980

Éleveurs en France

■ Du Vanil des Artses

Sylvie Renaud
7, rue de Vesoul R.N. 19
52600 Chaudenay
Tél./Fax : 03 25 90 27 93
www.bouvier-bernois.com

■ De Norimatys

Elsa Agouazi
7, place de Verdun
52600 Chalindrey
Tél. : 03 25 90 22 53
www.berger-catalan.fr

De la Gosserie du Marais

Thierry et Flo CADORET
965 chemin du Mont Edard
764501 Ourville En Caux
Tél. : 02.35.27.25.61 / 02.76.03.25.61
www.gosserie-datura.com

Éleveurs en Espagne

De Campdura

Elena Colls i Labayen
Ctra, Girona Palamos (Km. 1200)
Mas Maynau
17461 Campdura (Girona)

De Casa Alegre

Ana Cuellar Rocabert
C/Historiador Diago n° 2 PTA 12
Valencia 46007

De Sisdits

Isabelle Gomis
55, avenue Monmony
08190 Valldoreix

D'Espinavessa

Augusto Tonietti i Ferrero
Els Planells d'Espinavessa
Cabanelles 17746

El Jarral

Jesús Ortiz & Penelas Manuela
Morejón
Plaza de los Quatro Canos
Oficinas de Coreos n° 13
Buzon Pastarana
Guadalajara 19001

Index

A

Abats, 66, 68
Acides aminés, 66
Aliments complets, 72, 73
Aliments humides, 72
Aliments secs, 67, 71, 72
Aliments semi-humides, 72
Aliments simples, 72
Allantoïne, 100
Allergie, 101
Amidon, 65, 70
Amnios, 100
Ankylostomes, 85
Aoûtats, 87
ARP, 81
Ascaris, 85
Attestation de vente, 109

B

BOB, 117
Brosse, 77, 79

C

CAC, 14, 117, 119, 142, 145
CACIB, 117, 119, 142, 144, 145
Calcium, 67, 68, 69
Carde, 79
Carnivore, 63
Catalogne, 5, 7, 9, 10, 11, 12, 14, 15, 17, 22, 110, 135, 139, 141
Céréales, 66, 67, 70, 72
Certificat de naissance, 48, 88, 94, 109, 115, 116, 142, 143

Cheylétiellose, 87
Chiot, 13, 14, 21, 40, 41, 42, 43, 44, 46, 47, 48, 49, 50, 52, 53, 54, 55, 56, 58, 59, 60, 66, 67, 68, 69, 73, 74, 75, 77, 79, 81, 84, 85, 86, 87, 90, 92, 94, 98, 99, 100, 101, 102, 103, 104, 105, 106, 107, 108, 109, 110, 111, 112, 113, 115, 139, 142, 143
Chlore, 67
Ciseaux (fermeture en), 24, 25, 38, 80, 81
Communication acoustique, 60
Communication olfactive, 60
Communication visuelle, 58
Conserves, 72, 143
Cuivre, 67, 68, 69

D

Diarrhées, 48, 66, 85, 101
Domination, 44, 54, 55

E

Eau, 36, 47, 71, 72, 74, 86, 100, 101
Ectropion, 82, 83
Éducation, 40, 43, 53, 56, 60, 124, 128, 138
Entropion, 82, 83
Ergots, 29, 31, 32, 33, 78, 81, 101

F

Fer, 67, 68, 69
Fructose, 65
Fruits, 70, 94, 137

G

Glandes mammaires, 37
Glandes sébacées, 36, 37
Glandes sudoripares, 37
Graisse, 64, 65, 67, 68, 70, 71
Griffes, 37, 78

H

Harder (glande de), 82
Huiles végétales, 67, 70

I

Ibères, 11
Inbreeding, 91, 92, 93, 94

L

Lactase, 66, 69
Lactose, 65
Lait, 38, 66, 69, 70, 73, 74, 75, 99, 101, 102
Lard, 65, 70
Légumes, 70, 72
Linebreeding, 91, 93, 94
LOE, 13, 14, 112
LOF, 48, 110, 112, 113, 115, 117, 143, 144

M

Magnésium, 67, 68, 69
Mendel, 90
Métœstrus, 95

Mue, 30, 37, 78

N

Nallet (loi), 107
Norberg-Olson (angle de), 87

O

Œstrus, 94
Œufs, 66, 67, 68, 69, 73, 85, 86
Ongles, 28, 31, 32, 33, 36, 81
Ouïe 37, 56, 60
Outcrossing, 91, 93

P

Pain, 70, 72
Pâtes, 70, 72
Peau, 30, 36, 37, 47, 66, 67, 68, 70, 79, 82, 87, 132
Phosphore, 67, 68, 69
Poil, 11, 17, 22, 23, 25, 26, 28, 30, 31, 33, 35, 36, 37, 48, 54, 56, 57, 59, 64, 67, 77, 78, 79, 80, 81, 85, 105, 136
Poisson, 66, 68, 69, 72, 74
Porc, 68
Portée, 15, 18, 40, 42, 43, 48, 49, 63, 90, 93, 95, 100, 101, 104, 105, 109, 110, 111, 112, 120, 132, 139, 140, 143
Potassium, 67, 69
Pré-œstrus, 94
Primipares, 100
Prognathie, 38
Puces, 48, 85, 86

Q

Queue, 14, 17, 26, 30, 32, 54, 55, 56, 58, 59, 60, 95, 97, 100

R

RACP, 5, 7, 111, 120, 129, 146
Régime, 63
Rétrognathie, 38
Riz soufflé, 70
Riz, 70, 72
RRC, 112, 137
RSCCFRCE, 12, 14

S

Saccharose, 66
Saillie, 55, 82, 83, 86, 94, 95, 96, 97, 98, 109, 110, 113, 142, 143
SCC, 7, 48, 49, 106, 108, 109, 110, 112, 113, 114, 117, 119, 131, 142, 143, 145, 146
SEAE, 129
Sens, 24, 37, 42, 59, 95, 127, 137
Shampooing, 79, 86
Sodium, 67, 69
Soumission, 44, 54, 55, 58, 59, 60, 97
Squelette, 34, 67
Sucs gastriques, 66

T

Tatouage, 48, 109, 111, 112, 113, 115, 118, 143
Tenaille (fermeture en), 25, 38

Tiques, 86
Trichures, 85

V

Vaccination, 48, 77, 109, 111, 113
Vers plats, 85
Vers ronds, 85
Vétérinaire, 14, 15, 48, 83, 84, 86, 87, 98, 100, 101, 102, 105, 109, 112, 115, 136
Viande bovine, 68
Viande, 66, 68, 69, 72
Volaille, 68
Vomissements, 84

Table des matières

REMERCIEMENT .... PAGE 5

PRÉFACE .... » 7

INTRODUCTION .... » 9

HISTORIQUE DU CHIEN DE BERGER CATALAN .... » 11

Origine du chien de berger catalan .... » 11
Histoire de la race .... » 12
La reconnaissance du chien de berger catalan par le monde cynophile .... » 12
La création d'un club de race .... » 14
La récupération de la race .... » 15
L'introduction du chien de berger catalan en France .... » 18
Le standard du chien de berger catalan .... » 25

STANDARD .... » 22

Utilisation .... » 22
Bref aperçu historique .... » 22
Aspect général .... » 23
Proportions importantes .... » 23
Comportement/caractère .... » 23
Tête .... » 23
Crâne .... » 24
Stop .... » 24
Truffe .... » 24

Museau .... Page 24
Lèvres .... » 24
Mâchoires/dents .... » 24
Yeux .... » 25
Oreilles .... » 25
Cou .... » 25
Corps .... » 25
Garrot .... » 25
Dos .... » 25
Croupe .... » 25
Poitrine .... » 26
Abdomen .... » 26
Queue .... » 26
Membres antérieurs .... » 26
Épaule .... » 27
Angle-scapulo-huméral .... » 27
Bras .... » 27
Angle huméro-radial .... » 27
Avant-bras .... » 27
Carpe et métacarpe .... » 28
Pieds .... » 28
Membres postérieurs .... » 28
Cuisses .... » 28
Angle coxo-fémoral .... » 28
Angle fémoro-tibial .... » 28
Jambes .... » 28
Jarrets .... » 29
Angle du jarret .... » 29
Métatarse .... » 29
Pieds .... » 29
Allures .... » 29
Peau .... » 30
Robe .... » 30
Poil .... » 30
Couleurs .... » 31
Taille .... » 31
Défauts .... » 31
Graves .... » 31
Éliminatoires .... » 32
Considérations supplémentaires .... » 32

L'ANATOMIE DU CHIEN .... PAGE 33

Notions d'anatomie .... » 33
Appareils musculaire et squelettique .... » 34
La peau .... » 36
Les organes des sens .... » 37
Les dents du chien .... » 38

L'ÉDUCATION ET LE COMPORTEMENT .... » 39

L'éducation du chiot .... » 39
Phase végétative .... » 39
Phase de transition .... » 39
Phase d'imprégnation .... » 39
Phase de socialisation .... » 41
Phase de positionnement hiérarchique .... » 43
L'éthologie appliquée au chiot .... » 46
Choix du chiot .... » 46
Arrivée à la maison .... » 51
Ce n'est pas lui le maître, c'est vous .... » 51
Mimiques de domination ou de soumission .... » 54

SAVOIR COMMUNIQUER AVEC SON CHIEN .... » 59

Comprendre le langage canin .... » 59
Communication visuelle .... » 60
Communication olfactive .... » 62
Communication acoustique .... » 62
Comment communiquer avec son chien ? .... » 62

L'ALIMENTATION .... » 63

Processus de digestion .... » 64
L'énergie .... » 65
Les lipides ou graisses .... » 76
Les glucides ou hydrates de carbone .... » 76
Les protéines .... » 77
Les vitamines .... » 77
Les sels minéraux .... » 78
Calcium et phosphore .... » 67

Sodium et chlore .... PAGE 67
Potassium .... » 67
Fer et cuivre .... » 68
Magnésium .... » 68
Les aliments .... » 68
La viande .... » 68
Le poisson .... » 68
Les œufs .... » 68
Le lait .... » 69
Le lard, les graisses et les huiles végétales .... » 70
Le riz et les pâtes .... » 70
Le pain .... » 70
Les flocons de céréales et le riz soufflé .... » 70
Les légumes et les fruits .... » 70
L'eau .... » 71
Les aliments industriels .... » 71
La qualité des aliments tout prêts .... » 72
L'alimentation du chiot .... » 72

HYGIÈNE ET SANTÉ .... » 77

Le toilettage .... » 77
L'entretien du poil du chiot .... » 77
L'entretien du poil à l'âge adulte .... » 79
La santé de votre chien .... » 81
Les yeux .... » 81
La gale auriculaire .... » 83
L'hygromas .... » 83
La torsion de l'estomac .... » 84
Les parasites .... » 84
La dysplasie coxo-fémorale 87

LA REPRODUCTION ET LA MISE BAS .... » 89

Pourquoi la reproduction ? .... » 90
Les lignées .... » 91
L'inbreeding .... » 92
L'outcrossing .... » 93
Le linebreeding .... » 93
Les chaleurs .... » 94

Le pré-œstrus .... PAGE 94
L'œstrus .... » 94
Le métœstrus .... » 95
Le mâle .... » 95
L'accouplement .... » 96
La fécondation artificielle .... » 98
La gestation .... » 98
La mise bas ou parturition .... » 99
L'allaitement artificiel .... » 101
La grossesse nerveuse .... » 102

L'ÉLEVAGE DU CHIEN DE BERGER CATALAN .... » 103

Éleveur ou marchand de chiens ? .... » 103
Droits et devoirs de l'éleveur .... » 105
La banque d'information de la SCC .... » 108
Quels documents doit remettre le vendeur ? .... » 109
Les modalités d'inscription d'une portée au LOF .... » 110

LES EXPOSITIONS ET CONCOURS .... » 113

Le certificat d'inscription provisoire au LOF .... » 113
La confirmation .... » 113
Où le faire confirmer ? .... » 113
Combien cela coûte ? .... » 114
Quel est le rôle du juge ? .... » 114
À quoi sert la confirmation ? .... » 115
Votre arrivée à l'exposition .... » 115
Comment se présenter au juge ? .... » 116
Que faire si le chien est confirmé ? .... » 116
Que faire si le chien n'est pas confirmé ? .... » 117
Les différents titres .... » 117
Les tests de comportement .... » 119
L'âge .... » 119
Les épreuves .... » 120
L'agility .... » 122

LE CHIEN DE BERGER CATALAN, CHIEN DE TRAVAIL .... » 133

Le cavage .... » 133

L'éducation du chien truffier : tout commence par un petit morceau de fromage ..... Page 124
Le travail sur troupeau ..... » 126
Le chien toucheur ..... » 126
Le chien aboyeur ..... » 127
Le chien hypnotiseur ..... » 127
Histoire des concours de chiens de travail ..... » 128
Les concours de chiens de berger de travail sur troupeau ..... » 129

ANNEXES ..... » 133

Témoignages de quelques éleveurs ..... » 135

Lexique des termes cynophiles courants ..... » 142

Adresses utiles ..... » 147

Index ..... » 150

Achevé d'imprimer en avril 2007
à Luçon, France,
sur les presses de Pollina - L43424A
Dépôt légal : avril 2007
Numéro d'éditeur : 9955